Rudolf Tippelt & Bernhard Schmidt-Hertha

Sozialisation und informelles Lernen

im Erwachsenenalter

wbv Publikation

Erwachsenen- und Weiterbildung. Befunde – Diskurse – Transfer

Eine Lehrbuchreihe des Deutschen Instituts für Erwachsenenbildung – Leibniz-Zentrum für Lebenslanges Lernen e. V. (DIE)

Das DIE wird vom Bund und vom Land Nordrhein-Westfalen gefördert.

Wissenschaftliches Lektorat: Inga Enderle, Thomas Jung

Gesamtherstellung:
wbv Media GmbH & Co. KG, Bielefeld
wbv.de

Einbandgestaltung: Atelier Reichert, Stuttgart
Layout und Satz: Christiane Zay, Potsdam

Umschlagfoto: belchonok

Band 3, Bestellnummer: utb 5621

ISBN (Print): 978-3-8252-5621-0
Online-Angebote oder elektronische Ausgaben sind erhältlich unter www.utb-shop.de

Printed in Germany

Bibliografische Information der Deutschen Nationalbibliothek
Die Deutsche Nationalbibliothek verzeichnet diese Publikation in der Deutschen Nationalbibliografie; detaillierte bibliografische Daten sind im Internet über http://dnb.d-nb.de abrufbar.

utb 5621

Eine Arbeitsgemeinschaft der Verlage

Böhlau Verlag · Wien · Köln · Weimar
Verlag Barbara Budrich · Opladen · Toronto
facultas · Wien
Wilhelm Fink · Paderborn
Narr Francke Attempto Verlag / expert Verlag · Tübingen
Haupt Verlag · Bern
Verlag Julius Klinkhardt · Bad Heilbrunn
Mohr Siebeck · Tübingen
Ernst Reinhardt Verlag · München
Ferdinand Schöningh · Paderborn
transcript Verlag · Bielefeld
Eugen Ulmer Verlag · Stuttgart
UVK Verlag · München
Vandenhoeck & Ruprecht · Göttingen
Waxmann · Münster · New York
wbv Publikation · Bielefeld

Inhalt

Einblick in die Kapitel

TEIL 1
Erkunden – Begriffe und theoretische Grundlagen

Die Gesellschaft unterliegt kontinuierlichem Sozialen Wandel, der sowohl einen Zerfall sozialen Zusammenhalts bewirken als auch neue Formen der Gruppenbildung hervorbringen kann. In diesem Kapitel werden grundlegende Begriffe des Sozialen Wandels sowie Funktionsweise und Bedeutung des Sozialisationsprozesses erläutert. Letzteres erfolgt mittels Diskussion des struktur- und differenzierungstheoretischen Ansatzes der Sozialisation von Emile Durkheim sowie wesentlicher Aspekte der rollentheoretisch begründeten interaktionistischen Sozialisationsforschung.

Nach Pierre F. Bourdieu werden durch Sozialisation individuelle Denk- und Handlungsmuster (Habitus) geprägt, die wiederum ökonomische, soziale und kulturelle Ressourcen (Kapital) bestimmen und so auf Bildungskarrieren und damit auf die soziale Struktur der Gesellschaft sowie die divergenten Lebensbedingungen Einfluss nehmen. Vor diesem Hintergrund werden in diesem Kapitel die Lebenswelt- und Weiterbildungsforschung sowie neuere Ansätze der Milieuforschung als sozialisationstheoretische Basis dargelegt und auf die (erwachsenen-)pädagogische Praxis angewendet.

In der Erwachsenenbildungsforschung sind verschiedene sozialisationstheoretische Paradigmen einflussreich geblieben bzw. haben ihren Einfluss sogar gefestigt. Hierzu gehört auch die in diesem Kapitel vorgestellte sozial-ökologische und mehrebenenanalytische Konzeption von Uri Bronfenbrenner, die die Bedeutung des Lebenskontextes für die Sozialisation hervorhebt. Dem vorangestellt werden die entwicklungstheoretischen Zugänge nach Erik H. Erikson und Robert J. Havighurst sowie die bindungsbasierte Entwicklung und Sozialisation nach John Bowlby.

In diesem Kapitel wird das informelle Lernen in seiner historischen Entwicklung beschrieben und von anderen Lernformen abgegrenzt. Dabei wird auch auf die besonderen Anforderungen, Möglichkeiten und Grenzen informellen Lernens eingegangen sowie auf das Verhältnis zwischen informellem, non-formalem und formalem Lernen. Eine besondere Rolle spielen dabei die Frage der Bildungsungleichheit sowie die Abgrenzung von selbstorganisiertem Lernen gegenüber ungeplantem Erfahrungslernen.

TEIL 2
Erforschen und Vermitteln – Kontexte von Sozialisation und informellem Lernen und deren Bedeutung für die Erwachsenen- und Weiterbildung

Inwiefern Lernen im Erwachsenenalter erfolgreich ist und welche Chancen auf gesellschaftlichen Anschluss ein Mensch hat, wird in starkem Maße durch frühkindliche Sozialisations- und Lernprozesse primär im Familienkontext, aber auch in Kindertagesstätten und Grundschulen geprägt. Die Familie bleibt jedoch auch für Erwachsene bedeutende Sozialisationsinstanz und informeller Lernort. In diesem Kapitel wird die Bedeutung des Bildungshintergrunds der Herkunftsfamilie für das Lernen diskutiert sowie auf informelles und intergenerationelles Lernen im Familienverbund eingegangen.

Absolventinnen und Absolventen höherer Schulen und Hochschulen bzw. Bildungsgänge haben auf dem Arbeitsmarkt nicht nur aufgrund ihres fachlichen Wissens durchschnittlich bessere Perspektiven, sondern auch, weil man ihnen mehr sogenannte Schlüsselkompetenzen zuschreibt. Arbeitgeberinnen und Arbeitgeber gehen davon aus, dass sie nicht nur über die Fähigkeit zur schnellen Einarbeitung in neue Themenfelder verfügen und hierzu motiviert sind, sondern auch komplexe Problemstellungen analysieren und auf dieser Basis zielführende Handlungsstrategien entwerfen können. In diesem Kapitel wird der Frage nachgegangen, wie diese Fähigkeiten in Sozialisations- und informellen Lernprozessen im schulischen und hochschulischen System vermittelt werden.

Sozialisation und informelles Lernen enden nicht mit Erwerb eines Schulabschlusses oder mit Absolvieren eines Studiums. In diesem Kapitel werden die berufliche Sozialisation und der Arbeitsplatz als Sozialisationsinstanz betrachtet, durch die die Kompetenzen der Lernenden spezifisch geprägt werden. Es werden neuere Studien vorgestellt, die einerseits das informelle Lernen als zusätzliche Quelle des Kompetenzerwerbs herausstellen und sich andererseits der Validierung und Anerkennung von informell erworbenen Kompetenzen widmen.

In diesem Kapitel wird auf der Basis von Erkenntnissen und Diskursen der Geschlechterforschung und der Studien zur Geschlechtersozialisation die Frage bearbeitet, wie der Mensch zu Frau oder Mann gemacht wird, welche Folgen ein Ausscheren aus dieser Geschlechterdichotomie für den Sozialisationsprozess haben kann und wie Geschlechterdifferenzen auch in Lehr-Lern-Kontexten sichtbar und spürbar werden.

Medien unterstützen und erweitern die Möglichkeiten informellen Lernens enorm und werden als Informationsträger immer bedeutsamer. Das macht sich in der immer stärkeren Mediennutzung von Kindern und Jugendlichen bemerkbar, die sich kontinuierlich bis ins Erwachsenenalter fortsetzt. In diesem Kapitel werden Medien als eigenständige Sozialisationsinstanzen und ihr Einfluss durch eine spielerisch-unterhaltungsorientierte bis hin zu einer informierend-lernenden Nutzung diskutiert.

Die arbeitsfreie Zeit hat historisch gesehen zugenommen, so dass informelles Lernen und Sozialisation in diesem Bereich an Bedeutung gewinnen. Nicht nur für die berufliche Arbeit, sondern auch für die arbeitsfreie Zeit ist das subjektive Interesse nach sinnvoller und erfüllender Tätigkeit immer wichtiger geworden. In diesem Kapitel wird der Blick auf die Sozialisation und die informellen Lernprozesse im Kontext hochkultureller wie auch trivial- und massenkultureller Freizeitaktivitäten gerichtet und insbesondere im Zusammenhang mit bürgerschaftlichem und freiwilligem Engagement diskutiert.

TEIL 3
Erforschen von sozialer Ungleichheit als Herausforderung für die Praxis der Erwachsenen- und Weiterbildung

In diesem Kapitel wird die Abhängigkeit der lebenslangen Veränderungsprozesse durch Sozialisation und informelles Lernen vom Bildungshintergrund sowie von der sozialen Herkunft, also von den soziostrukturellen Bedingungen, erläutert. Dabei werden beteiligte Sozialisationsinstanzen wie auch Übergänge im Lebenslauf als diesen Veränderungsprozess initiierende Aspekte betrachtet. Des Weiteren wird erörtert, inwiefern alters- und generationenbedingte Rahmenbedingungen Einfluss auf die Erwachsenensozialisation nehmen.

In diesem Kapitel geht es darum, die soziokulturellen Rahmenbedingungen der Sozialisation genauer zu beschreiben. Dazu wird die Milieuforschung dargestellt, wobei das Konzept der sozialen Milieus in der Lebensweltforschung wurzelt. Migrantinnen und Migranten entfalten durchaus eigene soziale Milieus. Durch die Berücksichtigung von soziokulturellen Unterschieden der Bevölkerung unterstützt die Milieuforschung in der Anwendung ihrer Ergebnisse die Teilnehmer- und Nutzerorientierung in der Erwachsenenbildung und trägt damit zu mehr sozialer Gerechtigkeit bei.

TEIL 4
Perspektiven für Forschung und Praxis

In diesem Kapitel werden einige Erkenntnisse in neun Thesen gebündelt, die bei der weiteren Forschung zur Sozialisation und zum informellen Lernen im Erwachsenenalter berücksichtigt werden sollten. Es ergeben sich daraus noch keine konkreten Konzepte, aber doch Perspektiven für die Praxis der Erwachsenen- und Weiterbildung.

Einleitung

Sozialisation und informelles Lernen beschreiben Lern- und Aneignungsprozesse, die für das Überleben von Gesellschaften ebenso existenziell sind wie für die individuelle Entwicklung, die gleichzeitig aber oft unbewusst und nicht intendiert stattfinden. Da die Grenzen zwischen beiden Begriffen – wie noch gezeigt wird – fließend und unscharf sind, nimmt dieser Band beide Phänomene in den Blick. Dabei geht es zunächst in einem breiten Überblick um theoretische Traditionen der Sozialisationsforschung und eine differenzierte Auseinandersetzung mit dem wissenschaftshistorisch jüngeren Begriff „informelles Lernen", bevor einzelne Kontexte von „Sozialisation" und „informellem Lernen" in den Fokus rücken. Schließlich gehen wir mit den Themen Alter und soziokulturelle Rahmungen auf zwei Bereiche ein, die die Relevanz von Sozialisation und informellem Lernen für die Erwachsenen- und Weiterbildung in besonderer Weise verdeutlichen.

Sozialisation beschäftigt sich mit dem Verhältnis von Gesellschaft und Individuum – etwas genauer formuliert, mit dem Zusammenhang von Sozialem Wandel und Persönlichkeitsentwicklung. Im Unterschied zur intentionalen „Erziehung" und „Bildung" umfasst „Sozialisation" alle Einflüsse der räumlichen, materialen und personalen Umwelt auf ein Individuum, aber auch umgekehrt die Wirkungen des Individuums auf seine Umwelt (Durkheim, 1972 [1922]; Hurrelmann, 2012). Denn der Mensch ist nicht das bloße Abziehbild seiner auf ihn einwirkenden Umwelt, sondern im Sozialisationsprozess auch handelnder und gestaltender Akteur. Sozialisation analysiert und beschreibt über prägende Entwicklungsvorgänge in der Kindheit und Jugend hinaus einen lebenslangen Prozess. Dennoch gilt die Aufmerksamkeit in den Sozialisationstheorien überwiegend den Lebensphasen der Kindheit und Jugend und, damit verbunden, den menschlichen Entwicklungsprozessen in der Familie, den Institutionen der frühkindlichen Erziehung, der Schule sowie dem Einfluss der Peergroups. Es besteht aber Einigkeit, dass die Sozialisation über diese und andere Institutionen auch Wirkungen im Erwachsenenalter entfaltet. Zudem kann man mit Blick auf die Ergebnisse der Erwachsenenbildungsforschung davon ausgehen, dass Lern- und Bildungsprozesse, aber eben auch die teilweise unspezifischen Sozialisationsprozesse im Erwachsenenalter für die Handlungsfähigkeit des Individuums von großer Bedeutung sind (Bremer, 2018, S. 129). Das Wissen über Sozialisation und über informelles Lernen im Erwachsenenalter ist daher eine wichtige Basis für die Planung der konkreten Praxis der Erwachsenen- und Weiterbildung.

Das Lehrbuch geht auf diese Tatsache in mehreren Schritten ein: Nach der Erkundung wichtiger theoretischer Diskurse und Begriffe zur Sozialisation und zum informellen Lernen (Teil 1) werden die prägenden Sozialisationsinstanzen und -kontexte auch in ihrer Bedeutung für das Erwachsenenalter erläutert: Familie, Kindertagesstätten und Schulen, Hochschulen, Einrichtungen der beruflichen Bildung,

Arbeitsplatz, Medien, Kultur- und Freizeiteinrichtungen (Teil 2). Sozialisation und informelles Lernen sind für die Praxis der Erwachsenen- und Weiterbildung auch deshalb eine Herausforderung, weil die ungleichen und pluralen Rahmenbedingungen in unserer Gesellschaft ein differenziertes Handeln in der Bildungspraxis erfordern. Die soziale Herkunft, der Bildungshintergrund, die Generationenzugehörigkeit, das Alter, die soziokulturellen und milieuspezifischen Unterschiede müssen in der Praxis der Erwachsenen- und Weiterbildung berücksichtigt werden, wenn ein teilnehmerorientiertes Handeln gestaltet wird (Teil 3). Abschließend werden neue Herausforderungen und Perspektiven für eine theoretisch und empirisch reflektierende Erwachsenen- und Weiterbildung formuliert (Teil 4).

Die Autoren bedanken sich bei Julia Roth für die tatkräftige Unterstützung bei der Arbeit an diesem Lehrbuch.

TEIL 1

Erkunden – Begriffe und theoretische Grundlagen

1

Sozialisation, Interaktion und Gesellschaft

Die Gesellschaft unterliegt kontinuierlichem Sozialen Wandel, der sowohl einen Zerfall sozialen Zusammenhalts bewirken als auch neue Formen der Gruppenbildung hervorbringen kann. In diesem Kapitel werden grundlegende Begriffe des Sozialen Wandels sowie Funktionsweise und Bedeutung des Sozialisationsprozesses erläutert. Letzteres erfolgt mittels Diskussion des struktur- und differenzierungstheoretischen Ansatzes der Sozialisation von Emile Durkheim sowie wesentlicher Aspekte der rollentheoretisch begründeten interaktionistischen Sozialisationsforschung.

Lernziele

- die Begriffe „Sozialisation" und „Erwachsenensozialisation" verstehen können
- verschiedene Sozialisationstheorien benennen und unterscheiden können
- erkennen können, dass Sozialisationstheorien auch heute für Reflexionen und für verantwortungsvolles Handeln in der Erwachsenen- und Weiterbildung sinnvoll sind
- den Zusammenhang von Sozialisation und lebenslangem Lernen verstehen können
- darlegen können, warum Sozialisation sowohl für die Persönlichkeitsentwicklung als auch für die gesellschaftliche Entwicklung von großer Bedeutung ist

1.1 Sozialer Wandel und Sozialisation

Basis für Sozialisationsprozesse ist der *Soziale Wandel*. Aus sozial- und bildungswissenschaftlicher Sicht umfasst der Begriff „Sozialer Wandel" die Summe quantitativer und qualitativer Veränderungen der Sozial- und Wirtschaftsstruktur sowie anderer gesellschaftlicher Teilbereiche. Im Gegensatz zu den Begriffen „Zivilisierung", „Europäisierung", „Modernisierung" oder „Fortschritt", aber auch „Industrialisierung" oder „Demokratisierung", ist „Sozialer Wandel" deskriptiv und analytisch und beinhaltet keine wertenden und insbesondere keine teleologischen Grundannahmen (Tippelt, 1990).

Blickt man in die Geschichte zurück, wurde der Soziale Wandel zunächst von Emile Durkheim (1972 [1922]) thematisiert. Er ging davon aus, dass die sich stetig wandelnden *sozialen Tatsachen*, insbesondere überindividuelle Strukturen und Ideen, wie Religion, Moral und Normen, die Erziehung und Sozialisation einzelner Individuen prägen. Sozialer Wandel erzwinge geradezu Sozialisation und auch Erziehung, um gesellschaftliche Solidarität zwischen den heterogenen sozialen Gruppen aufrechtzuerhalten.

Seither befassen sich vor allem systemtheoretische, struktur-funktionalistische (Parsons, 1964) und interaktionistische Theorien (Habermas, 1981; Mead, 1932) mit verschiedenen Erkenntnissen und Dimensionen des Sozialen Wandels. Konkrete Dimensionen sind:

- soziale Strukturen (wie demografischer Wandel, Schichtung und Milieu),
- räumliche Strukturen (wie Siedlungsformen und Mobilität),
- soziale Mentalitäten (wie Werte-, Norm- und Rollenveränderungen) und
- soziales Verhalten (wie Familienformen, Erziehungsstile, Bildungsverhalten).

Zwar bringen die Theorien des Sozialen Wandels ein Vorverständnis davon mit, wie sich die Gesellschaft im Wesentlichen entwickelt, aber es geht nicht um die Suche nach evolutionären Universalien, die in allen Entwicklungsprozessen in bestimmter zeitlicher Abfolge und struktureller Ordnung aufzufinden sind. Typisch ist dagegen die Annahme, dass in komplexen Gesellschaften in ihren jeweiligen Teilbereichen ein unterschiedliches Veränderungstempo festzustellen ist (z. B. im Beschäftigungs- und im Bildungssystem), so dass beim Sozialen Wandel *Ungleichzeitigkeit und Spannungen* auftreten können.

Die theoretische und empirische Forschung zum Sozialen Wandel hat sich unter anderem sozialisationsrelevant auf die Funktionsbeschreibung pädagogischer Institutionen (Qualifikation, Allokation, Legitimation und Enkulturation) ausgewirkt (Fend, 2007; Tippelt, 1990).

In anderer Theorietradition wird sozial-strukturell differenzierend die Bedeutung von ökonomischem, sozialem und kulturellem Kapital hervorgehoben (Bourdieu, 1982). Gleichzeitig wird die Auflösung traditioneller sozialer Strukturen, Institutionen und Orientierungsmuster – wie Klassen, Kirchen, Verbände, aber auch Familien, Ehen oder Geschlechterrollen – im Kontext der Individualisierungsthese angenommen (Beck, 1986). Bourdieus lebensstilbezogener Ansatz und verwandte, in der Erwachsenenbildung genutzte Milieukonzepte können auch als Gegenentwurf zur Individualisierungsthese verstanden werden, da nicht von einer Erosion sozialer Zusammenhänge, sondern von *neuen Formen der sozialen Gruppenbildung* ausgegangen wird. Dabei wird seit den 1990er Jahren die Beschreibung und Erklärung sozialer Ungleichheit, also die ungleiche Verteilung von als wertvoll erachteten Gütern aus sozial-struktureller, geschlechtsspezifischer und migrationsspezifischer Perspektive empirisch analysiert. *Soziale Ungleichheit* wird hierbei als illegitime Benachteiligung durch eine ungleiche Chancenverteilung kritisiert. Sozialisation und Bildung spielen bei den Theoremen des Sozialen Wandels heute erneut eine besondere Rolle, da Sozialisation und Bildung die Lebenschancen der Menschen stark beeinflussen.

Sozialisation und auch informelles Lernen leisten einen wesentlichen Beitrag zur *gesellschaftlichen Reproduktion* – im negativen (soziale Ungleichheit) wie im positiven Sinn (Persönlichkeitsentwicklung). Die intergenerationelle Weitergabe kultureller Traditionen, Normen und Werte, aber auch biografisch angehäufter Wissensbestände erfolgt in wesentlichen Teilen jenseits schulischer Curricula und geplant gestalteter Lernprozesse in der alltäglichen Interaktion zwischen den Generationen. Einerseits wollen ältere Generationen ihr Wissen und ihre Werte an die jüngeren Generationen weitergeben, ohne dass dies immer als Lernprozess ins Bewusstsein der Beteiligten dringt, andererseits schafft erst ein konstruktiver Dialog der Generationen und die Auseinandersetzung mit den Perspektiven der jeweils anderen Generation die Basis für das Zusammenleben im sozialen Nahraum wie auch auf gesamtgesellschaftlicher Ebene (Szydlik & Künemund, 2009).

1.2 Struktur- und differenzierungstheoretische Ansätze der Sozialisation

Im Folgenden soll der struktur- und differenzierungstheoretische Ansatz der Sozialisation nach Emile Durkheim dargestellt werden. Zum sozialisations- und bildungswissenschaftlichen Stellenwert seines Werkes soll hier auf die herausragende Biografie des amerikanischen Wissenschaftstheoretikers Steven Lukes (1985) verwiesen werden.

Emile Durkheim (1858–1917) gilt als Begründer der französischen Soziologie.

Emile Durkheim entstammte einer Rabbinerfamilie aus dem Elsass, begann jedoch entgegen seiner Bestimmung, ebenfalls ein Rabbi zu werden, eine Laufbahn als Gymnasiallehrer. Nach einem Studienaufenthalt in Deutschland veröffentlichte Durkheim in seiner französischen Heimat Abhandlungen zur Philosophie und zu den Sozialwissenschaften. Dies führte ihn zu einer wissenschaftlichen Stelle in Bordeaux, im Rahmen derer er in seinen Vorlesungen gleichzeitig Pädagogik und Soziologie lehrte und beide Disziplinen weiterentwickelte. Zwischen 1887 und 1902 veröffentlichte er mehrere seiner Hauptwerke – insbesondere seine Abhandlung zur Arbeitsteilung. Zudem war er immer daran interessiert, auf die Ausbildung zukünftiger Lehrkräfte Einfluss zu nehmen.

Nachdem sein erstes Hauptwerk zur Arbeitsteilung erschien, widmete sich Durkheim der gesellschaftlichen Verursachung des Suizids sowie der Entfaltung des Begriffs „Anomie".

Definition

Anomie

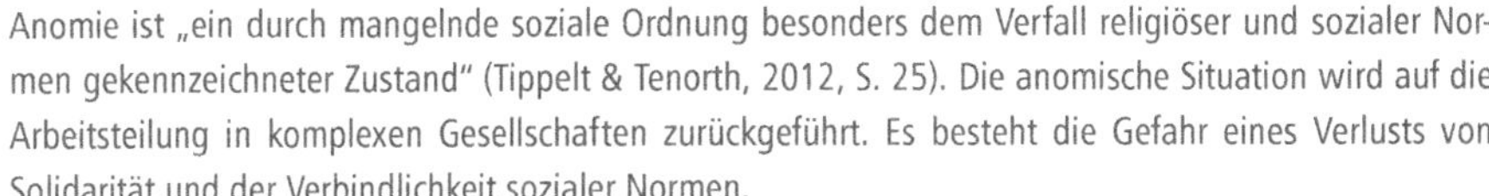

Anomie ist „ein durch mangelnde soziale Ordnung besonders dem Verfall religiöser und sozialer Normen gekennzeichneter Zustand" (Tippelt & Tenorth, 2012, S. 25). Die anomische Situation wird auf die Arbeitsteilung in komplexen Gesellschaften zurückgeführt. Es besteht die Gefahr eines Verlusts von Solidarität und der Verbindlichkeit sozialer Normen.

Durkheim stellte in seinem Lebenswerk immer dringlicher das Problem der Stärkung *moralischen Bewusstseins* heraus. Er konstatierte recht früh die hohe Diversität sozialer Milieus und auch der darin unterschiedlich gelebten erzieherischen Strukturen. Bereits in seinen Vorlesungen in den 1880er Jahren zur Pädagogik und zur moralischen Erziehung thematisierte Durkheim die Sozialisierung der Person sowie die Wichtigkeit der Internalisierung von sozialen Normen. Auf diese Weise wurde auch der Erziehungsprozess neu definiert.

Definition

Erziehungsprozess

„Erziehung ist die Einwirkung, die von Eltern und Lehrern auf Kinder ausgeübt wird. Diese Einwirkung ist immer gegenwärtig und ist allgemein. Es gibt keine Periode im sozialen Leben, nicht einmal, sozusagen, einen Augenblick während des Tages, wo die jüngeren Generationen nicht in Kontakt mit den älteren stehen und wo sie deshalb von ihnen nicht irgendeine erzieherische Beeinflussung empfangen. [...] Es gibt eine unbewusste Erziehung, die niemals aufhört" (Durkheim, 1972 [1922], S. 50).

Aus pädagogischer Sicht ist durch diese Definition der Begriff der *Sozialisation* begründet, denn es erziehen nicht mehr nur Personen. Vielmehr werden Normen und Regeln aus der Umgebung von Personen aufgenommen, was dann die eigentliche Zusammenführung – auch der Generationen – bewirkt. Diese Sichtweise Durkheims weist darauf hin, dass der soziale Zusammenhang in Gesellschaften nicht allein durch Erziehung angemessen verankert werden kann, sondern dass die in der Realität geltenden Normen und Regeln das einzelne Individuum stark prägen. Diese Prägungseffekte sind in der sozial-ökologischen Sozialisationsforschung differenzierter aufgegriffen und ausgearbeitet worden. Dabei wird der Mensch als Rollenträger und damit als soziales Wesen gesehen (→ Kap. 1.3).

Definition

Sozialisation

Sozialisation ist der Vermittlungsprozess, in welchem Rollenerwartungen an einzelne Individuen herangetragen werden, die diese Individuen dann internalisieren (Durkheim,1972 [1922]).

Dieser Vorgang der *Internalisierung* ist in der damaligen Zeit auch in der Psychoanalyse formuliert worden und hat dort den zentralen Begriff vom „Über-Ich" geprägt (Freud, 1999 [1930]). Die Idee der Internalisierung von sozialen Rollenerwartungen kann nach der kritischen Debatte der Rollentheorie in der interaktionistischen Sozialisationstheorie (Mead, 1932) nicht in dieser direkten Form anerkannt werden. Letztlich geht es nicht darum, die Erwartungen anderer lediglich zu internalisieren, sondern in vielen Situationen ist es zutreffend, dass Erwartungen anderer an das eigene Handeln geprüft und situativ in Kommunikationsprozessen ausgehandelt werden.

Merksatz

Die entscheidende sozialisationstheoretische Frage bei Durkheim ist, wie es zur Internalisierung von Rollenerwartungen oder Normen kommt. Aus seiner Sicht ist es vor allem die Erziehung, die in modernen Gesellschaften Möglichkeiten schafft, eine „ausreichende Gemeinsamkeit" und eine hinreichende Kohäsion der Gesellschaftsmitglieder, besonders in moralischen Grundhaltungen, zu erzeugen (Durkheim, 1972 [1922], S. 38).

Erziehung und Sozialisation stützen die Verschiedenheit von Individuen, doch letztlich geht es darum, die Partikularität spezifischer Milieus und auch die immer besonderen Erwartungen im beruflichen Rollensystem zu überschreiten. Aber wie kommt es dazu, dass das Individuum immer enger von der Gesellschaft abhängt, gleichzeitig jedoch immer autonomer und eigenständiger wird (Giddens, 1978)?

mechanische Solidarität versus organische Solidarität

Durkheim (1992 [1893]) arbeitet in seinem primär organisationstheoretischen Werk zur Arbeitsteilung heraus, dass sich in älteren segmentären Gesellschaften eine *mechanische Solidarität* und damit verbunden ein relativ konformes Bewusstsein herausbilden. Mechanische Solidarität ist eher in ländlichen Regionen gegeben, während die Entwicklung hin zu einer *organischen Solidarität* in den urbanen Zentren entsteht. Den Übergang von mechanischer zur organischen Solidarität entfaltet Durkheim in seiner Theorie des Sozialen Wandels. Seine Hauptthese zur Arbeitsteilung läuft darauf hinaus, dass der sich steigernde Kontakt von Individuen in ausdifferenzierten Gesellschaften an die Gestaltung neuer Formen der Solidarität gebunden ist. Diese neuen Formen bezeichnet Durkheim als „organische Solidarität".

Als besonders wichtige Voraussetzung gelingender sozialer Realität wird bei Durkheim eine gewisse Einheit des Verhaltens angenommen. Der berühmt und gleichzeitig berüchtigte Begriff „*conscience collective*" wird von ihm eingeführt. Durkheim hebt aber deutlich hervor, dass die Verpflichtungen der und des Einzelnen auch in einer sich stark ausdifferenzierenden Gesellschaft durch die Individuen selbst gewollt werden müssen; Ausgangspunkt hierfür ist der freie Wille des Individuums. Autoritären Systemen wird also keineswegs Vorschub geleistet, denn Interaktion und Verträge beruhen immer auf wechselseitiger Zustimmung.

Merksatz

Emile Durkheim konstatiert, dass in Gesellschaften, in denen der Zustand der organischen, arbeitsteiligen Solidarität zunimmt, gleichzeitig die mechanische, auf Ähnlichkeit gegründete Kooperation zurückgeht (Lukes, 1985, S. 158).

In modernen arbeitsteiligen Gesellschaften sind Menschen aufgrund ihrer Verschiedenheit vereint und nicht – wie bislang unter den Bedingungen der mechanischen Solidarität – aufgrund ihrer Ähnlichkeit.

Im letzten Teil seines Werkes zur Arbeitsteilung wird unter den Aspekten der anomischen Formen von Arbeitsteilung die problemverschärfende Entwicklungstendenz *übermäßiger Arbeitsteilung und -zerlegung* angedeutet. Die Entfaltung zunehmender Arbeitsteilung wird in seinem Werk über den Selbstmord (Durkheim, 1973 [1897]) deutlich skeptischer beurteilt. Dort wird Anomie präzisiert und als zunehmende Regellosigkeit gedeutet. Sie wird nicht als Ausnahmezustand und partielle Verirrung betrachtet, sondern als eine kollektive Krankheit diagnostiziert. Anomie lasse sich als eine alarmierende moralische Armut begreifen, und es stelle sich die Frage, wie man anomischen Strukturen entgegenwirken kann und welche Bedeutung in diesem Zusammenhang die Familie oder auch der Beruf – insbesondere die berufliche Ethik – haben.

Lukes (1985) hebt besonders die von Durkheim herausgestellte Bedeutung von *beruflichen Verbänden* hervor, um in der modernen industrialisierten Gesellschaft eine hinreichende soziale Gemeinsamkeit zu erzielen:

> „It was in the lectures on occupational ethics that he explored the implications of his view that the economic life of an industrial society needs to be organized around occupational groups or corporations. These would take over some of the moral functions once performed by the family and ‚moralize economic life', specifying the rights and duties of individuals' working lives and providing continues collective and relevant focus for the loyalities [...]" (Lukes, 1985, S. 265).

In Durkheims Ausführungen zur Anomie wird schließlich die starke Vereinzelung und die zu geringe Solidarität in der Gesellschaft beklagt (Durkheim, 1972 [1922], S. 38). In der kindlichen Entwicklung ist eine gewisse Konformität Voraussetzung und Basis für die soziale Integration in das gesellschaftliche System und auch für die Entwicklung der eigenen Identität. Doch spätestens im Jugend- und Erwachsenenalter ist es mit dem Erreichen der formalen Intelligenz und der Fähigkeit, die Rollenerwartungen immer allgemeinerer Anderer zu erschließen, unzureichend und gesellschaftlich hochproblematisch, Identität lediglich durch Rollenkonformität zu sichern (Döbert & Nunner-Winkler, 1986; Tippelt, Krauss & Baron, 1986). Entwicklungspsychologisch trifft vielmehr zu, dass sich Rollenidentität, die sich zunächst auf die Verinnerlichung inhaltlich konkreter Normen bezieht, erst dann zu einer belastbaren *Ich-Identität* erweitern kann, wenn Individuen Prinzipien und Verhaltensnormen so repräsentieren, dass sie von der Sanktionierung konkreter Bezugspersonen und Bezugsgruppen unabhängig werden. Die Formation einer so verstandenen Ich-Identität und im übertragenen Sinne auch beruflichen Identität schließt dann an eine von Jürgen Habermas antizipatorisch entworfene „politische Universalmoral" an (Habermas, 1973, S. 229).

Rollenerwartung, Rollenübernahme, Rollenidentität, Ich-Identität

1.3 Interaktionistische Sozialisationsforschung

Besonders hervorzuheben sind hier die Konzepte zur Rollenübernahme und zur Empathie. Der Begriff „Rollenübernahme" wurde durch den Philosophischen Pragmatismus und vor allem durch George H. Mead (1863–1931) geprägt. In seinem Hauptwerk „*Mind, self and society*" (2002 [1932]) verfolgte Mead die Frage, wie individuelle Handlungen über wechselseitige Verhaltenserwartungen zu einer Gruppenaktivität werden und letztlich als Basis für soziale Interaktionen in komplexen modernen Gesellschaften verstanden werden können (Mead, 1932; Tippelt, Krauss & Baron, 1986). Die zugrundeliegende Idee basiert auf der Überlegung, dass die soziale Wirklichkeit durch interaktive, aufeinander bezogene Handlungsabläufe und durch den Austausch von *Symbolen* entsteht. Mead erklärt im Rahmen seiner sozialisationstheoretischen Grundannahmen, dass menschliche Kommunikation im Gegensatz zur Tierwelt durch „signifikante Symbole" stattfindet.

> Dies bedeutet, dass der Mensch in der Lage ist, „auf die von ihm selbst hervorgebrachten Gebärden und Äußerungen zu reagieren und zudem das mögliche Antwortverhalten des Handlungspartners innerlich zu repräsentieren. Diese kognitive Leistung der Rollenübernahmefähigkeit verhilft dem Individuum, das eigene Verhalten an dem Verhalten des oder der Anderen auszurichten. Da diese Fähigkeit reziprok stattfindet, wird dadurch ein gemeinsames bzw. kollektives Handeln ermöglicht" (Joas, 1992, S. 251).

Emotionen von *emovere* (lat.) bedeutet wörtlich „herausbewegen", „aufwühlen"

Gerade moderne Gesellschaften sind durch eine hohe Diversität an Rollenerwartungen, Werten und Normen gekennzeichnet und steigern durch stetige Veränderungsprozesse ihre Heterogenität in und zwischen den Gruppen. Dies begünstigt den Nährboden für negative *Emotionen* und folglich auch für konfliktgeladene Interaktionen, die beispielsweise durch Interessenantagonismen gegensätzlicher sozialer Gruppen, Prozesse sozialer Ausgrenzung, Überbetonung von Individualismus oder auch überzogenem Patriotismus verhärtet werden (Tippelt, Krauss & Baron, 1986, S. 63). Emotionen wirken auf das menschliche Verhalten und dürfen daher nicht bagatellisiert werden. Mead räumt den Emotionen einen Platz ein, bezeichnet sie gleichzeitig aber auch als geringste Form des Bewusstseins.

Mittlerweile werden Emotionen jedoch als notwendige Marker und Unterstützer von Denkprozessen gesehen. Durch Sozialisationsprozesse geformt, sind sie bewussten Denkprozessen vorgeschaltet, präzisieren die kognitive Gedächtnisleistung und erlauben eine breitere Wahrnehmung von Situationen (Damasio, 2002). Wenn man diesen Befund mit einer soziologischen Perspektive verbindet, lässt sich feststellen, dass das emotionale Befinden keine rein individuelle Angelegenheit ist. Denn beispielsweise kommen Emotionen bei der Entfaltung von *Empathie* eine besondere Funktion zu. Empathie ermöglicht dem Individuum – neben dem kognitiven Erfassen der Sicht anderer Personen – auch Emotionen wahr- und aufnehmen zu können. Empathie befähigt zur kognitiven Reflexion und Erfassung der eigenen Position und Lage und bezieht immer auch die Position der oder des Anderen ein.

Definition

Empathie

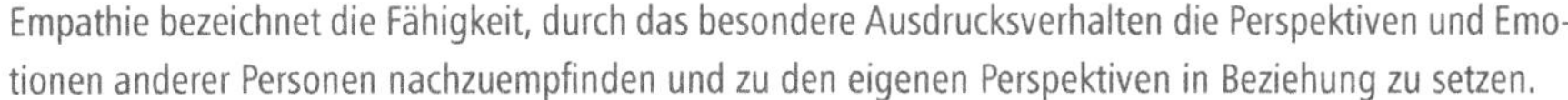

Empathie bezeichnet die Fähigkeit, durch das besondere Ausdrucksverhalten die Perspektiven und Emotionen anderer Personen nachzuempfinden und zu den eigenen Perspektiven in Beziehung zu setzen.

Empathie kann in der Erwachsenenbildung helfen, eine neue Sichtweise anzunehmen und sie mit der eigenen in Einklang zu bringen (Meuler, 2011). Wird zudem ein verallgemeinerter Standpunkt im Sinne der Rollenübernahme eingenommen, „vermögen sich Individuen von ihren festgefahrenen Positionen zu lösen und sich die universellen Zielstellungen der Gemeinschaft zu eigen zu machen“ (Tippelt, Krauss & Baron, 1986, S. 64). Wechselseitiges Verstehen durch Nachvollziehen von individuellen Absichten und durch die Kenntnis gemeinsamer Regeln ist daher als Grundvoraussetzung sozialen Lebens zu sehen (Brumlik, 1983).

Die interaktionistische Sozialisationsforschung ist eng mit *rollentheoretischen Überlegungen* verbunden. Schon die Gegenüberstellung von Privatheit und Öffentlichkeit der – aus der Mode gekommenen – struktural-funktionalen Theorien nach Talcott Parsons (1964) oder im jugendtheoretischen Kontext von Shmuel N. Eisenstadt (1966) legen nahe, dass sich die psychologisch orientierte Sozialisationsforschung stärker mit Eltern-Kind-Beziehungen beschäftigt, die soziologische struktur-funktionale und die interaktionistische Sozialisationstheorie sowie die soziologische Rollenforschung dagegen stärker die professionellen beruflichen Rollenträgerinnen und -träger, wie Lehrerinnen und Lehrer, Erzieherinnen und Erzieher, Jugendleiterinnen oder Weiterbildnerinnen, in ihren Bezügen zu Lernenden thematisieren. Das ist kurz zu erläutern.

Es gibt – idealtypisch – spezifische Differenzen zwischen den jeweiligen Bezugsgruppen. So haben Eltern zu ihren Kindern in aller Regel lebenslange Kontakte, während die Kontakte der beruflichen Rollenträgerinnen und -träger zu den Lernenden, mit denen sie zu tun haben, meist zeitlich stark gebunden sind. Eltern formulieren sehr allgemeine Interessen an das Lernen und die Persönlichkeitsentwicklung ihrer Kinder, während das Interesse von beruflichen Rollenträgerinnen und -trägern durch Spezifität, manchmal sogar durch eine domänenbezogene Spezialisierung geprägt ist. Während sich Eltern für die breite Entwicklung der Persönlichkeit interessieren und sie daher einen intensiven emotionalen Kontakt zu ihren Kindern entfalten, fördern berufliche pädagogische Rollenträgerinnen und -träger dagegen meist – trotz holistischer Ansprüche – spezielle Fähigkeiten und haben schon aufgrund der Tatsache, dass sie es mit einer Vielzahl von Lernenden zu tun haben, emotional schwächere Kontakte zu ihren Interaktionspartnerinnen und -partnern im beruflichen Kontext. Dies bedeutet allerdings nicht, dass man im Erwachsenenalter nicht auch sensibel auf Emotionen der Anderen reagieren muss. Im familialen Kontext handelt man häufig spontan, und die Bindung zu den anderen Familienmitgliedern ist in hohem Maße individualisiert; Lehrende oder Erwachsenenbildnerinnen und -bildner planen dagegen Bildung als intendierte Handlungen und pflegen dabei eine rationale Art des Sprechens, die sich deutlich von den affektiven und alltäglichen Dialogen in Familien unterscheidet. Eltern haben ein natürliches, besonderes Interesse an ihrem eigenen Kind, während berufliche Rollenträgerinnen und -träger – schon im Sinne der Fairness – ein überparteiliches und überindividuelles Interesse an Lernenden in ihren Gruppen haben müssen. Die Gleichheit der Behandlung vieler ist in pädagogischen Kontexten der Schule sowie der Weiterbildung häufig die Basis des Handelns.

1.4 Zusammenfassung

Von den unterschiedlichen Sozialisationstheorien ist Emile Durkheims Konzept für die Erwachsenenbildung besonders relevant. Es besagt, dass Erziehung und Sozialisation auf der einen Seite milieuspezifisch erfolgen, auf der anderen Seite aufgrund der starken Arbeitsteilung ab einem bestimmten Alter nicht mehr homogen und vereinheitlichend, sondern eben heterogen und spezialisierend sein müssen. Zugleich betont Durkheim, dass moderne Gesellschaften auf eine gewisse Anzahl von Ideen, Gefühlen und Praktiken aufbauen müssen, die allen Heranwachsenden und Erwachsenen – unabhängig von sozialem Milieu, Geschlecht, Region, ethnischer Gruppe – durch Erziehung und Sozialisation vermittelt und vom Individuum internalisiert werden können. Die interaktionistischen Konzepte der Rollenübernahme und der Empathie erweitern diese Sicht erheblich, denn in gelingenden Interaktionen kommt es darauf an, sich in die Handlungserwartungen der jeweils Anderen hineinversetzen zu können, um dann eine individuell überzeugende Antwort auf diese Erwartungen zu generieren.

Fragen & Aufgaben

1. Erläutern Sie den Begriff „Sozialisation“ und grenzen Sie diesen von dem Begriff „Erziehung“ ab.
2. Welche Bedeutung hat die These von der Individualisierung der Lebensläufe im Sozialisationsprozess?
3. Was ist an der Theorie von Emile Durkheim auch heute noch aktuell, was ist dagegen Ihrer Meinung nach veraltet?
4. Charakterisieren Sie die wichtigsten Annahmen der interaktionistischen Sozialisationstheorie.

Tipps zum Weiterlesen

Durkheim, E. (1972 [1922]). *Erziehung und Soziologie*. Düsseldorf: Pädagogischer Verlag Schwann.
In dieser klassischen Schrift bestimmt Emile Durkheim Erziehung als ein intentionales Handeln und weist auf die Tatsache hin, dass es soziale Einwirkungen gibt, die ohne explizite Einwirkung von erziehenden Personen die Entwicklung des Menschen prägen. Damit bringt Durkheim Sozialisation erstmalig in den wissenschaftlichen Diskus ein.

Durkheim, E. (1984 [1902]). *Erziehung, Moral und Gesellschaft. Vorlesung aus dem Jahr 1902/1903.* Frankfurt a. M.: Suhrkamp.
Emile Durkheim war Erziehungswissenschaftler und Soziologe. Durch seine Analyse von Erziehung und Gesellschaft hat Durkheim den Begriff der Sozialisation geprägt und eine bis heute wichtige Theorie der Sozialisation entwickelt. Zentral ist hierbei der Begriff „organische Solidarität“ in der Moderne und dabei die Bedeutung von Moral.

Mead, G. H. (2002 [1932]). *Mind, self and society*. New York (US): Amherst Open Press.
Der pragmatistische Sozialphilosoph, Soziologe und in seinem praktischen Wirken Erwachsenen- und Sozialpädagoge George H. Mead entfaltet seine interaktionistische Sozialisationstheorie, die unter anderem auch den Begriff der Rollenübernahme als Voraussetzung für soziales Handeln hervorbrachte. Mead arbeitete eng mit dem Pädagogen John Dewey (1916) zusammen. Seine Interaktionstheorie schärft nicht nur den Blick für die individuelle Identitätsentwicklung, sondern auch für das demokratische Handeln – ein Klassiker.

2 Sozialisation, Lebenswelt und Gesellschaft

Nach Pierre F. Bourdieu werden durch Sozialisation individuelle Denk- und Handlungsmuster (Habitus) geprägt, die wiederum ökonomische, soziale und kulturelle Ressourcen (Kapital) bestimmen und so auf Bildungskarrieren und damit auf die soziale Struktur der Gesellschaft sowie die divergenten Lebensbedingungen Einfluss nehmen. Vor diesem Hintergrund werden in diesem Kapitel die Lebenswelt- und Weiterbildungsforschung sowie neuere Ansätze der Milieuforschung als sozialisationstheoretische Basis dargelegt und auf die (erwachsenen-)pädagogische Praxis angewendet.

Lernziele

- die Wirkung gesellschaftlicher Aspekte auf die personale Sozialisation erkennen können
- die interaktionistische, strukturtheoretische und lebensweltheoretische Sozialisationsforschung unterscheiden können
- den Widerspruch von deterministischen und handlungstheoretischen Modellen der Sozialisationsforschung benennen können
- die Auswirkung von personaler Sozialisation auf die gesellschaftliche Entwicklung erkennen können

2.1 Habitus, kulturelles und soziales Kapital – die feinen Unterschiede der Ungleichheit

Eine verfeinerte Sozialanalyse mit erheblichen Implikationen für Sozialisationsprozesse bietet Pierre F. Bourdieu an. Mit Bourdieu (1982) lässt sich ein enger Zusammenhang zwischen „kulturellem Kapital" der Herkunftsfamilie und der folgenden Bildungskarriere konstatieren, die zu Raymond Boudons (1974) Konzept der primären und sekundären Effekte der sozialen Herkunft kongruent sind. Der primäre Effekt geht von der familialen, milieuspezifisch variierenden Sozialisation aus, wobei die Entwicklung bestimmter, für den Bildungserfolg ausschlaggebender Persönlichkeitsaspekte, wie Motivation, Sprachgewandtheit, Argumentations- und Abstraktionsfähigkeit sowie soziale Umgangsformen, beeinflusst wird. Als sekundärer Effekt ist die direkte Wirkung der Herkunftsfamilie auf die Bildungsentscheidungen, besonders auf die Schulwahlentscheidungen, zu sehen. Vor allem die milieu- bzw. schichtspezifischen Einstellungen gegenüber Bildungseinrichtungen prägen die Relevanz von Bildung für den späteren Lebensweg. In der Erwachsenen- und Weiterbildung zeigt sich, dass auch hier – wie im Schulsystem – Regeln, Normen und Verhaltenserwartungen existieren, die in bestimmten Milieus nicht verstärkt werden.

Für Bourdieu wirkt sich die jeweilige Mischung aus *ökonomischem, sozialem* und *kulturellem Kapital* nachhaltig auf die soziale Laufbahn der Individuen aus. Vor allem das kulturelle und das soziale Kapital eines Individuums haben Einfluss auf die Weiterbildungspartizipation, denn das Wissen über und der innere Zugang zu Kulturgütern (objektiviertes Kapital), aber auch die bereits erworbenen schulischen, beruflichen und akademischen Titel (institutionalisiertes Kapital) begünstigen oder erschweren den Zugang zur Weiterbildung.

Unter „Kapital" versteht Pierre F. Bourdieu die Verfügungsgewalt über spezifische Ressourcen.

Das soziale Kapital, also die Gesamtheit der aktuellen und potentiellen Ressourcen, die mit der Teilhabe an dem Netz sozialer Beziehungen gegenseitigen Kennens und Anerkennens verbunden sind, entsteht ebenfalls im Sozialisationsprozess. Der Erwerb von kulturellem und sozialem Kapital gehört zu den nicht monetären Erträgen der Sozialisation. Das ökonomische Kapital ist ebenfalls involviert, denn einerseits beruht es auf der Mitgift der Eltern, und andererseits bedeutet der Erwerb von Bildungsabschlüssen während der Sozialisation im Jugend- und frühen Erwachsenenalter einen Zugang zu besseren ökonomischen Verdiensten im Beschäftigungssystem (Bourdieu, 1982).

Für den Erwerb von Kapital ist der *Habitus* eines Individuums entscheidend, denn dieser gewährleistet die aktive Präsenz früherer Erfahrungen in einem bestimmten sozialen Raum, die sich immer durch spezifische Wahrnehmungs-, Denk- und Handlungsschemata in einem Individuum niederschlagen (ebd.).

Definition

Habitus

Der Habitus ist ein System unbewusst funktionierender Denkstile und wirkt als Wahrnehmungs-, Denk-, und Handlungspräferenz für die Angehörigen bestimmter sozialer Klassen. Er dient unter anderem der Reproduktion sozialer Machtverhältnisse.

Der Habitus eines Individuums entwickelt sich in einem langen Prozess der Verinnerlichung von Gewohnheiten, Normen und Verhaltensweisen.

> „Der Habitus ist das, was man voraussetzen muss, wenn man erklären will, warum die sozialen Akteure, ohne im eigentlichen Sinne rational zu sein, das heißt ohne ihr Verhalten im Hinblick auf die Maximierung der ihnen zur Verfügung stehenden Mittel zu organisieren [...], vernünftig sind und nicht verrückt [...]. Sie sind viel weniger abwegig oder irregeleitet, als wir spontan meinen möchten, und zwar gerade deswegen, weil sie als Ergebnis eines langen und komplexen Konditionierungsprozesses die objektiven Chancen, die sich ihnen bieten, verinnerlicht haben, und weil sie die Zukunft vorhersagen können, die zu ihnen passt (im Gegensatz zu dem, was ‚nichts für einen ist')" (Bourdieu & Wacquant, 1996, S. 163).

Der Habitus determiniert zwar die Handlungspraxis eines Individuums nicht, er grenzt jedoch die Vielfalt der Handlungs- und Entscheidungsmöglichkeiten jeder und jedes Einzelnen ein. Das Ausmaß und das Verhältnis der Kapitalarten sind vom im Sozialisationsprozess (besonders geprägt durch die familiale Sozialisation) erworbenen Habitus abhängig, und gleichzeitig sind sie die Ursache für die Reproduktion von Ungleichheit im sozialen Raum (Bourdieu, 1982). Die soziale Struktur in einer Gesellschaft ist also durch die objektiven Lebensbedingungen, den Habitus und den spezifischen Lebensstil von sozialen Klassen bestimmt.

Die feinen Unterschiede zwischen und innerhalb der herrschenden Klasse, der Mittelklasse bzw. dem Kleinbürgertum und der Volksklasse bzw. den Beherrschten zeigen sich in der *Ästhetik* und im *Geschmack*. Die Geschmackspräferenzen und ästhetischen Ausdrucksformen wiederum sind die entscheidenden Unterscheidungsfaktoren der Lebensstile von Individuen und sozialen Klassen.

Wenn insbesondere Pierre F. Bourdieu und Jean-C. Passeron (1971, S. 40) von den „kulturellen Gewohnheiten einer Klasse" sprechen, dann weisen sie darauf hin, dass Lernende, wenn sie in Bildungseinrichtungen kommen, bedingt durch ihre familiale und klassenspezifische Sozialisation, über ungleiche Voraussetzungen verfügen. Möchte man mehr Gleichheit der Lebensverhältnisse und insbesondere der Bildung in einer Gesellschaft erreichen, kann das nur durch eine auf Ungleichheit abgestimmte Pädagogik erreicht werden (Bourdieu, 1997). Der darin enthaltene Gedanke einer differenzierenden Pädagogik ist keineswegs neu. Schon Friedrich Schleiermacher (1983 [1957]) verweist darauf, dass die Erziehung immer in einem Zustand eintrete, in welchem sich durch vorausgehende Erfahrung – heute würde man von „Sozialisation" sprechen – schon Differenzen entwickelt haben. Eine demokratisch orientierte Pädagogik muss daher die Sozialisationsergebnisse berücksichtigen, ihnen entgegenwirken und nicht die Begünstigten noch mehr begünstigen. Bourdieu ist es gelungen, einen komplexen Blick auf die Analyse von Bildungsungleichheit zu entwickeln. Es besteht demnach die Gefahr, dass die sozial weiter unten gelagerten Milieus – trotz des kompensatorischen Anspruchs von Bildung oder Erwachsenenbildung – von Anfang an auch vom vierten Sektor des Bildungswesens ausgegrenzt werden, denn „sie verfügen nicht über die richtigen Chips, um am gesellschaftlichen Spiel mit mehr Aussicht auf Gewinn teilnehmen zu können" (Wittpoth, 1995, S. 75).

2.2 Lebensweltforschung als sozialisationstheoretische Basis

Die soziale und individuelle Konstruktion der Wirklichkeit als Ausgangspunkt für Fragen der Teilnehmer und Adressatenforschung in der Erwachsenen- und Weiterbildung wurzelt in der *Lebensweltforschung* (Schütz & Luckmann, 1990). Das Paradigma der Lebensweltforschung ist ein Korrektiv sowohl von zu eng gefassten verhaltenstheoretisch orientierten als auch von zu stark subjektivistisch verankerten Theoriemodellen. Individuelle Veränderungen stehen immer im Kontext von Deutungsmustern der sozialen Wirklichkeit, entwickeln sich also im jeweiligen sozialen Umfeld von Individuen und entfalten dort ihre Wirkungen auf die Identität jeder und jedes Einzelnen. Die Lebensweltforschung stärkt den traditionellen Anspruch der Teilnehmerorientierung und sichert das Anschlusslernen an alltagsnahe Lebensbezüge aufseiten der Teilnehmenden. Die Orientierung an der Lebenswelt berücksichtigt also die Lernfähigkeit, die Lernbarrieren und sozialisationstheoretisch die Erwartungen von Adressatinnen und Adressaten sowie Teilnehmenden in der Erwachsenen- und Weiterbildung. Der Lebensweltbezug ist selbstverständlich mit einem systematischen Wissenserwerb vereinbar, berücksichtigt aber die Sozialisation eines Individuums im Kontext von Arbeit, Familie und Freizeit.

Theoretisch geht die Lebensweltorientierung aus philosophischen Traditionen hervor, die von Edmund G. A. Husserl (1986) oder auch später sozialwissenschaftlich überformt von Alfred Schütz und Thomas Luckmann (1990) formuliert wurden. Die sozialisationstheoretische Weiterentwicklung der Lebensphilosophie von Schütz und Luckmann (1990) geht von den sozialen Tatsachen aus, die sich auf die subjektiven Deutungen der Wirklichkeit von Individuen in ihren sozialen Gruppen auswirken. Das Alltagsleben und das *Alltagswissen* spielen dabei eine wichtige Rolle (Schütz, 1974 [1932]).

> „Als Alltagswissen werden die von den Mitgliedern einer Gesellschaft für selbstverständlich erachteten Kenntnisse, Erfahrungen, Werte und Kulturtechniken verstanden. Dieser gesellschaftliche Wissensvorrat geht dem Individuum stets voraus,

> der Einzelne entnimmt ihm im Zuge seiner Sozialisation die für seine spezifische Subjektivität konstitutiven Elemente“ (Barz & Tippelt, 2010, S. 118).

In der lebensweltlichen Sozialisations- und Weiterbildungsforschung wird deutlich zwischen Alltagswissen, Professionswissen und wissenschaftlichem Wissen unterschieden. Sozialisationstheoretisch besonders relevant ist hierbei, dass eine objektive Wahrheit durch die differenzierende lebensweltliche Analyse eindeutig relativiert wird. Die Typisierung ergibt sich durch die besonderen *Relevanzstrukturen* in den sozialen Umgebungen und sozialen Räumen von Individuen, die also immer durch die sozialen Kontexte vorentschieden werden.

> „Durch Typisierung entsteht eine Welt des Vertrauten [...], die Relevanz kommt ins Spiel, sofern jede typisierende Deutung selektiv ist, eine Bevorzugung ausspricht [...]; dies verweist auf Interessen, die sich in den Selektionsprozessen ausdrücken. [...] Die Relevanzstrukturen können sich umbilden bei entsprechender Umgruppierung des Erfahrungsfeldes“ (Waldenfels, 1985, S. 159).

Schütz und Luckmann zeigen auf, dass sich Menschen in unproblematischen Alltagssituationen routinisierte und teilweise auch automatisierte Denk- und Verhaltensschemata aneignen, während sich das Individuum in *Grenzsituationen* (Berger & Luckmann, 1970) und *Krisensituationen* weiterentwickelt und – sozialisationstheoretisch hochrelevant – möglicherweise neue Relevanzstrukturen konstruiert. Für das Individuum ist es wichtig, das eigene Handeln im Alltag subjektiv stimmig zu begründen. Der automatisierte und auch habitualisierte Bezug zum Alltag lässt kaum Zeit zur Reflexion, aber gerade in von kritischen Lebensereignissen geprägten Situationen (z. B. bei Übergängen im Lebenslauf) ist man mit Neuem konfrontiert, wird das Unbekannte neu konstruiert und in das eigene Denk- und Handlungsrepertoire integriert. Schütz und Luckmann bereiten eine soziologisch-pädagogische Interpretation von Wirklichkeit vor, die von zeitlich befristeten Lebenswelten ausgeht und die die Segmentierung des individuellen Erlebens in den verschiedenen Alltagssituationen erfasst. Das Leben der bzw. des Einzelnen und ihre bzw. seine Identität werden im Lebenslauf immer komplexer, weil Teilidentitäten entstehen und es immer wieder darum geht, einen übergeordneten Sinn des eigenen Handelns zu erkennen sowie sich im lebenslangen Sozialisationsprozess eine konsistente Identität zu erarbeiten.

Kritische Vertreter einer Lebensweltorientierung, beispielsweise Rolf Arnold (2013) oder Peter Alheit (2018), warnen vor einer schleichenden Therapeutisierung der Erwachsenenbildung und weisen immer wieder darauf hin, dass Weiterbildung nicht bei der eigenen Sozialisationserfahrung stehen bleiben darf, sondern in einem weiterführenden und politischen Sinne neue Perspektiven und neues Wissen erschließen kann und muss. Solche Hinweise sind hilfreich, wenn man für alle Weiterbildungsprozesse die Lernfähigkeiten und die Erfahrungs- und Erwartungshorizonte der Teilnehmenden einschließt und als Ausgangspunkt für Didaktik oder auch Programm- und Angebotsplanung nimmt.

Lebensweltliche Sozialisationsforschung bezieht sich auf die Situation und die Umgebung von Individuen in der Sozialstruktur und liefert dadurch auch einen eigenen Beitrag zur Sozialstrukturanalyse. Dies ist sehr deutlich in der *Milieuforschung* sichtbar (→ Kap. 12). Dieser Ansatz einer neuen, die Gesellschaft vertikal und horizontal gliedernden Sozialstrukturforschung hebt sich von einer reinen Analyse von Lebenslagen und Lebensstilen ab, weil sie auch Aspekte der Lebensführung und Lebensform sowie des Erlebens der Lebenswelt aufnimmt.

Definition

Milieuforschung

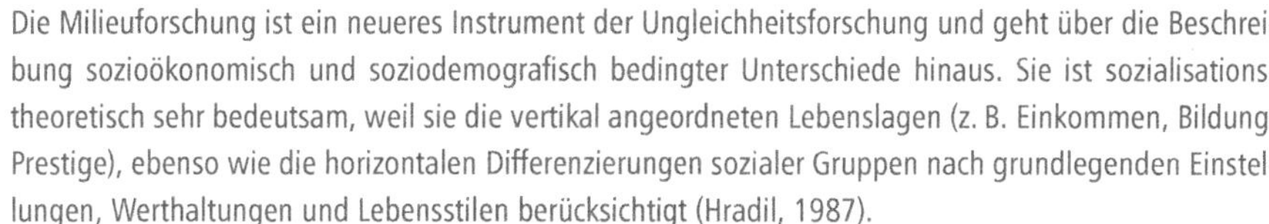

Die Milieuforschung ist ein neueres Instrument der Ungleichheitsforschung und geht über die Beschreibung sozioökonomisch und soziodemografisch bedingter Unterschiede hinaus. Sie ist sozialisationstheoretisch sehr bedeutsam, weil sie die vertikal angeordneten Lebenslagen (z. B. Einkommen, Bildung, Prestige), ebenso wie die horizontalen Differenzierungen sozialer Gruppen nach grundlegenden Einstellungen, Werthaltungen und Lebensstilen berücksichtigt (Hradil, 1987).

Angesichts der zunehmenden Individualisierung in der modernen Gesellschaft und der fortschreitenden Differenzierung von lebensweltlichen Entwürfen kann die soziale Milieuforschung einen wichtigen Beitrag leisten, um soziale Ungleichheit und Sozialisation jenseits traditioneller schicht- und klassenspezifischer Konzepte zu erfassen (Tippelt, Reich, Hippel, Barz & Baum, 2008).

Gruppen von Personen, die durch ähnliche Lebensziele und Lebensstile Einheiten innerhalb der Gesellschaft bilden, werden als *soziale Milieus* bezeichnet (Hradil, 1987). Wie in Kapitel 1 erwähnt, beschäftigte sich Emile Durkheim (1972 [1895]) bereits im 19. Jahrhundert mit dem Konzept der sozialen Milieus, und Pierre F. Bourdieu (1982) entwickelte in Auseinandersetzung mit den schicht- und klassenspezifischen Ansätzen ein milieuaffines Habitus-Konzept. Seitdem werden auch in der Erwachsenenbildungsforschung die Lebensstile und Alltagswirklichkeiten in der Teilnehmer- und Adressatenforschung analysiert und in die Praxis der Erwachsenenbildung überführt (→ Kap. 12). Das soziale Milieu repräsentiert dabei nicht nur ein spezifisches Konglomerat von Merkmalen, sondern entspricht der „Struktur der Beziehungen zwischen allen relevanten Merkmalen“ (Bourdieu, 1982) im Sinne des Habitus-Konzepts.

Beispiel

Welcher Zielgruppe würde man die 62-jährige türkische kaufmännische Angestellte zurechnen? Hier bieten sich mit den Kategorien „Migrantin“, „Ältere“, „Frau“ oder „Angestellte“ gleich mehrere Klassifizierungen an, die durch das Habitus-Konzept aufeinander bezogen werden können (Bremer, 2010).

Definition

Soziale Milieus

Soziale Milieus sind Gruppen von Menschen, die in ihrer Sozialisation aufgrund eines entsprechenden Habitus jeweils ähnliche Präferenzen und Einstellungen zu zentralen Lebensbereichen entwickeln. Zu den Lebenswelten im Milieukonzept lassen sich neben der Arbeit und der Bildung auch das persönliche Umfeld, wie die Familie, der Freundes- und Bekanntenkreis, oder die gesellschaftliche Teilhabe sowie die Freizeitgestaltung zählen.

Einem sozialen Milieu können analoge Normen und Grundhaltungen zugeordnet werden, woraus sich für die in ihm lebenden Menschen ähnliche Einstellungen zu sozialen Beziehungen im familialen Umfeld und im Bekanntenkreis sowie im Arbeitskontext die Haltungen zu Arbeit, Beruf und allgemein zu Bildung ableiten lassen. Objektive soziale Lebensumstände können zwar die Gestaltungsspielräume der Lebensformen und -stile und insgesamt der Lebenswelt unterschiedlich mitbestimmen, sie determinieren aber die subjektiven Erfahrungen und das im Sozialisationsprozess entstehende Wertebewusstsein nicht. Trotz konvergierender Lebenswelten können in Sozialisationsprozessen differente Einstellungen entstehen (Bremer, 2010).

Merksatz

Soziale Milieus beschreiben folglich Gruppen, die *vertikal* divergierend in ihrer sozialen Lage und *horizontal* divergierend in ihren Werten, Lebensorientierungen und Lebensstilen unterscheidbar und vergleichbar sind. Obwohl es keine deterministischen Sozialisationsprozesse gibt, können soziale Milieus als Gefüge innerhalb einer Gesellschaft begriffen werden (Flaig, Meyer & Ueltzhöffer, 1994).

Die sozialen Milieus in Deutschland werden von Beginn ihrer Erforschung an vertikal in Bezug auf die soziale Lage in eine untere Mittelschicht bzw. Unterschicht, in eine mittlere Mittelschicht und in eine obere Mittelschicht bzw. Oberschicht separiert und im Sinne der horizontalen Differenzierung in die Grundorientierungen Tradition, Modernisierung bzw. Individualisierung und Neuorientierung gesplittet, so dass beispielsweise Zuordnungen vom „traditionellen Milieu" über die „bürgerliche Mitte" bis hin zum „expeditiven Milieu" möglich sind (→ Kap. 12). Die traditionelle Grundhaltung lässt sich durch das Bewahren und Festhalten traditioneller Werte und Normen kennzeichnen. Die Ausrichtung, die als Modernisierung („Haben und Genießen") und Individualisierung („Sein und Verändern") beschrieben werden kann, ist durch Status- und Besitzdenken einerseits und Selbstverwirklichung und Emanzipation andererseits charakterisiert. Pragmatismus und Beschleunigung („Machen und Erleben") sowie Exploration („Grenzen überwinden") kennzeichnen die Neuorientierungen (Tippelt, 2013).

Durch die Sozialisation in unterschiedlichen Lebenswelten werden in Folge auch der Zugang zu Bildung und Lernen beeinflusst. Differenzierte Bildungsmotive oder

Lernbarrieren wirken auf den Umgang mit Wissenserwerb und lebensweltlichen Einstellungen und bestimmen maßgeblich den Bezug zur Weiterbildung (Bremer, 2010).

Studie

Bildungsbezogene Milieuanalysen (Barz & Tippelt, 2004) zeigen, dass in erster Linie die Mitglieder der Milieus der „Konservativ-Gehobenen" und der „Traditionsverwurzelten" eine signifikant geringere Weiterbildungsbeteiligung sowohl in der allgemeinen als auch in der beruflichen Weiterbildung aufweisen. Eine besonders rege Beteiligung an Angeboten der allgemeinen Weiterbildung ist von Seiten der postmateriellen Milieus festzustellen, die aus den höheren Schichten kommen und im Sinne ihrer Orientierung an Authentizität und Emanzipation einen großen Wunsch nach sozialer Mitbestimmung haben. Des Weiteren zeigen die „modernen Performer" und die „Experimentalisten" eine hohe Weiterbildungsteilnahme. Während die experimentellen sozialen Gruppen eher durch Neugierde motiviert sind, an Weiterbildungsangeboten teilzunehmen, ist für das Milieu der „modernen Performer" das Streben nach Karriere und Status ein ausschlaggebendes Kriterium. Demgegenüber werden die Angehörigen des prekären Milieus (ehemals die „Konsum-Materialisten") aus ihrer Sicht eher durch äußeren Zwang und gesellschaftlichen Druck zu Weiterbildung verpflichtet und zeigen eine hohe, aber eben auch extrinsisch motivierte Nachfrage nach beruflichen Bildungsangeboten (Barz & Tippelt, 2004).

2.3 Zusammenfassung

Das Habitus-Konzept von Pierre F. Bourdieu und die Unterscheidung der Einflüsse von ökonomischem, sozialem und kulturellem Kapital sensibilisiert stark für die soziale Ungleichheit und Differenz in modernen Gesellschaften. Zentrale Auswirkungen auf die Praxis haben die systematisch differierenden Einstellungen und Werteorientierungen von sozialen Gruppen nicht nur im Hinblick auf die Intensität der Weiterbildungsteilnahme und die Nachfrage nach unterschiedlichen Angeboten, sondern beispielsweise auch hinsichtlich der Präferenzen der Lernarrangements, der Weiterbildungsträger oder auch der Beratungsinteressen. Besonders der lebensweltliche milieuspezifische Forschungsansatz kann einen wichtigen Beitrag leisten, der Realität der Erwartungen von Teilnehmenden vielschichtig und differenziert nahezukommen, diese zu begreifen und im Kontext der Weiterbildung der jeweiligen, auch subjektiv definierten Lebenswirklichkeit durch eine entsprechende Angebotsplanung gerecht zu werden. Aber es bleibt auch zu konstatieren, dass die sozialisationstheoretisch zu fassenden Entwicklungsvorgänge in den differenzierten Milieus noch nicht hinreichend erforscht sind.

Fragen & Aufgaben

1. Was ist in der Theorie von Pierre F. Bourdieu unter „kulturellem Kapital" und was unter „sozialem Kapital" zu verstehen?
2. Warum ist Ihrer Meinung nach der Theorieansatz von Pierre F. Bourdieu in der Erwachsenenbildungsforschung intensiv berücksichtigt worden?

3. Was ist an der lebensweltlichen Sozialisationsforschung für die Erwachsenenbildung interessant? Ist es die Einsicht in die Offenheit und die Pluralisierung der Sinnbildung oder geht es noch um etwas Anderes?
4. Welche besonderen Herausforderungen für die professionell Planenden und Dozierenden in der Erwachsenenbildung ergeben sich dadurch, dass diese eher selten jenem Milieu angehören, mit dem sie in der Praxis arbeiten?

Tipps zum Weiterlesen

Hurrelmann, K., Grundmann, M. & Walper, S. (2015). *Handbuch Sozialisationsforschung* (7. Aufl.). Beltz: Weinheim.
Das Handbuch gibt einen sehr guten Überblick über Theorien, Methoden und Ergebnisse der Sozialisationsforschung. Es werden unter anderem die Sozialisation im Lebenslauf, die Rolle enger Bindungen, die Sozialstruktur, soziale Ungleichheit und soziale Instanzen und Kontexte der Sozialisation behandelt.

Bourdieu, P. (1982). *Die feinen Unterschiede. Kritik der gesellschaftlichen Urteilskraft.* Frankfurt a. M.: Suhrkamp.
Bourdieu erweitert theoretisch und empirisch den Blick auf soziale Ungleichheit und Differenz, indem er unter anderem die Bedeutung von kulturellem, sozialem und ökonomischem Kapital als Ausgangsbasis, aber auch als Resultat der Sozialisation fasst. Besonders interessant ist die Mischung dieser Kapitalsorten in verschiedenen sozialen Gruppen.

Barz, H. & Tippelt, R. (2004). *Weiterbildung und soziale Milieus in Deutschland* (Bd. 1 u. Bd. 2). Bielefeld: W. Bertelsmann.
In repräsentativen quantitativen und qualitativen Analysen werden die Ansprüche und Vorstellungen verschiedener sozialer Milieus an Weiterbildungsangebote untersucht. Die Weiterbildungsinteressen und das Weiterbildungsverhalten der 18- bis 75-jährigen deutschsprachigen Bevölkerung werden lebenswelttheoretisch thematisiert und können damit auch als ein Resultat und als eine Voraussetzung für Sozialisationsprozesse im Erwachsenenalter verstanden werden.

Tenorth, H.-E. & Tippelt, R. (2012). *Lexikon Pädagogik* (2. Aufl.). Weinheim: Beltz.
Dieses pädagogische Nachschlagewerk bearbeitet mit rund 6.000 Stichwörtern und 64 ausführlichen Überblicksartikeln die wichtigsten Informationen zu Bildung, Erziehung, Lernen und Sozialisation. Renommierte Vertreterinnen und Vertreter des Faches zeigen die Vielfältigkeit der Theorien und Methoden auch im Bereich von Lernen und Sozialisation auf. Das Lexikon eignet sich sowohl als Nachschlagewerk als auch zur Vertiefung pädagogischer, sozialisations- und lerntheoretischer Zusammenhänge.

Krappmann, L. (1969). *Soziale Dimensionen der Identität. Strukturelle Bedingungen für die Teilnahme an Interaktionsprozessen.* Stuttgart: Klett.
Die von Talrott Parsons (social systems) *und von Ralf G. Dahrendorf* (homo soziologicus) *eingeführten Begriffe „Rolle" und „Rollenverhalten" werden von Lothar F. Krappmann nachhaltig kritisiert. Zudem legt Krappmann die für die Sozialisation wichtigen Begriffe „Rollenkonflikt", „Rollendistanz", „Ambiguität", „Rollen- und Perspektivenübernahme" theoretisch dar bzw. bereitet diese inspirierend für die weitere empirische Forschung vor. Insofern trägt diese Schrift zum Aufbruch der Sozialisationsforschung erheblich bei.*

3

Sozialisation und individuelle Entwicklung

In der Erwachsenenbildungsforschung sind verschiedene sozialisationstheoretische Paradigmen einflussreich geblieben bzw. haben ihren Einfluss sogar gefestigt. Hierzu gehört auch die in diesem Kapitel vorgestellte sozial-ökologische und mehrebenenanalytische Konzeption von Uri Bronfenbrenner, die die Bedeutung des Lebenskontextes für die Sozialisation hervorhebt. Dem vorangestellt werden die entwicklungstheoretischen Zugänge nach Erik H. Erikson und Robert J. Havighurst sowie die bindungsbasierte Entwicklung und Sozialisation nach John Bowlby.

Lernziele

- die Bedeutung der kindlichen Entwicklung für die Erwachsenensozialisation erkennen können
- die Einflussebenen auf den Sozialisationsprozess und das Lernen in einem sozial-ökologischen Konzept verstehen können
- die Arten kindlicher Bindung an Bezugspersonen verstehen können

3.1 Entwicklungstheoretische Ansätze

Robert J. Havighurst entwickelte 1953 das Konzept der Entwicklungsaufgaben (*developmental tasks*) zur Beschreibung menschlicher Lern- und Entwicklungsprozesse über die Lebensspanne. Dabei versteht er Lernen bereits damals als lebenslangen Prozess, der untrennbar mit dem Leben selbst verbunden ist (Trautmann, 2004). Er geht von einer unterschiedlichen Intensität des Lernens in unterschiedlichen Lebensphasen aus, das stets auf eine Anpassung des Individuums an seine Lebenswelt und die darin eingelagerten Anforderungen abzielt. Allerdings sieht er nicht ausschließlich die äußeren Anforderungen (*kulturelle Erwartungen*) als Treiber individueller Entwicklung an, sondern insbesondere in der Kindheit vorrangig Reifeprozesse (*sensible Phasen*) sowie *individuelle Zielsetzungen*, die gerade im Erwachsenenalter eine zentrale Rolle spielen. Dementsprechend geht er davon aus, dass im Zusammenspiel von physischer und emotional-kognitiver Entwicklung, lebensphasenspezifischen Anforderungen und persönlichem Streben bestimmte Entwicklungsaufgaben zu bewältigen sind, beispielsweise die Familiengründung im eher jungen Erwachsenenalter, die Gestaltung einer beruflichen Karriere im eher mittleren Erwachsenenalter oder der Umgang mit Verlusten im eher späten Erwachsenenalter. Auch wenn Havighursts Konzept insbesondere in der Jugendforschung rezipiert und weiterentwickelt wurde (z. B. Hurrelmann & Quenzel, 2016), sind seine Überlegungen zur Entwicklung über die gesamte Lebensspanne auch für die Erwachsenenbildungsforschung anregend.

Robert J. Havighurst (1900–1991) war Erziehungswissenschaftler und Soziologe in den USA.

Ein anderes lebenslauftheoretisches Konzept hat auf der Basis vorrangig psychoanalytisch-klinischer Erfahrungen, aber auch kulturvergleichender Forschung Erik H. Erikson in seinem Werk „Identität und Lebenszyklus" (1973) ausgearbeitet. Erikson erweitert die psychoanalytische Theorie der psychosexuellen Funktionen (orale, anale, genitale Phase) und hebt kulturell vorgegebene Entwicklungsaufgaben für die einzelnen Reife- und Altersabschnitte hervor. Die Normen und Erwartungen, die einem Individuum begegnen, werden als Entwicklungsherausforderungen, aber auch als Krisen erlebt. Die erfolgreiche Bewältigung einer Entwicklungsaufgabe erhöht die Wahrscheinlichkeit der erfolgreichen Bewältigung der weiteren Entwicklungsaufgaben und insgesamt des erfolgreichen Durchlaufens der nächsten Stufe der Persönlichkeitsentwicklung.

Der Schwerpunkt des Interesses von Erikson liegt im Aufbau einer sicheren und stabilen *Ich-Identität*. Sein Modell der acht Entwicklungsstufen, das in der Erwachsenenbildung große Beachtung fand, beinhaltet folgende Stufen des Aufbaus von Ich-Identität:

- Urvertrauen,
- Autonomie und
- Initiative *im Kindesalter,*
- Werksinn und
- Identität *im Jugendalter* sowie

- Intimität,
- Generativität und
- Integrität *im frühen und reifen Erwachsenenalter.*

Vor allem die Entwicklung des „Ichs" bis in das reife Erwachsenenalter wird lebenslang durch Erfahrungen und Beziehungen zu anderen Personen bewirkt. Die intraindividuellen Veränderungen sind auch bei Erikson reifungsabhängig, während die interindividuellen Unterschiede wesentlich durch Umwelteinflüsse erklärt werden. Die Identitätsbildung als Vorgang der Ausprägung von Charakter und eigener Persönlichkeit und die Fokussierung der Lösung von Krisen im Prozess dieser lebenslangen Identitätsbildung sind das erwachsenenpädagogisch bleibende Verdienst dieser erweiterten psychoanalytischen Sicht der Erwachsenensozialisation. Auch für Erikson ist der frühkindliche Erwerb von Urvertrauen und Autonomie die Voraussetzung für eine gelingende Sozialisation im Jugend- und Erwachsenenalter. Allerdings werden hierzu mittlerweile zunehmend auch andere Theorien wahrgenommen.

3.2 Bindungstheoretische Konzepte der Entwicklung und Sozialisation

Obwohl die frühkindliche Sozialisation und Bindung stark an Bedeutung gewonnen haben, wird die Beziehung zwischen Erwachsenensozialisation und Bindung heute kaum noch reflektiert. Vor allem die Spannung zwischen Privatheit und Öffentlichkeit, Professionalität und familiärer Intimität, Nähe und Distanz wird immer wieder sozialisationstheoretisch aufgegriffen, weil eine gelingende Sozialisation ohne *emotionale Zuwendung* nicht vorstellbar ist (Krüger & Helsper, 1995, S. 25). Das ist sicher zutreffend, allerdings sind Sozialisation und insbesondere professionelles pädagogisches Handeln zu begrenzen, und es ist darauf zu achten, dass sowohl kognitive als auch soziale Kompetenzen und Wissensbestände nicht in den Hintergrund gedrängt werden (Krüger & Helsper, 1995, S. 25; Prange, 1991).

In der struktur-funktionalen Theorie der Sozialisation wird die Notwendigkeit von „affektiver Neutralität" in beruflich pädagogischen Handlungsfeldern nicht normativ eingefordert, aber als eine Wirkung von strukturellen Entwicklungen pädagogischer Institutionen in modernen Gesellschaften dargelegt. Dabei steht insbesondere die Schule im Fokus der Analyse (Dreeben, 1968; Tippelt, 1990). Gleichzeitig wird auch vor der Kälte und Gefühlslosigkeit in pädagogischen Einrichtungen gewarnt, weil sich ein Mangel dieser – im Kindes- und Jugendalter besonders wichtigen – emotionalen Komponenten auch später auf das Erwachsenenlernen auswirken könne (Coleman, 1982). Vor dem Hintergrund der eindringlichen Debatte um Nähe und

Distanz in Sozialisationsprozessen ist es verwunderlich, dass die Konzepte der entwicklungspsychologischen Bindungsforschung nicht intensiver und direkter in der Sozialisations- und in der pädagogischen Bildungsforschung aufgegriffen wurden. Es ist von großer Bedeutung für die Erwachsenensozialisation und die Bildungsprozesse über die Lebensspanne, genaue Kenntnisse über die Mikroprozesse zu haben, die in der Interaktion während der frühen Kindheit stattfinden. Die in den 1980er und 1990er Jahren fokussierte *interaktionistische Sozialisationsforschung* präferiert ein holistisches Konzept der Kompetenz und thematisiert vor allem die soziokognitiven und sozial-emotionalen Fähigkeiten der Individuen (z. B. Edelstein & Habermas, 1984; Krappmann, 1969). Man wird sagen können, dass insbesondere einige Grundannahmen der Bindungsforschung an diese Forschungsansätze anschlussfähig sind (→ Kap. 1.3).

Definition

Bindung

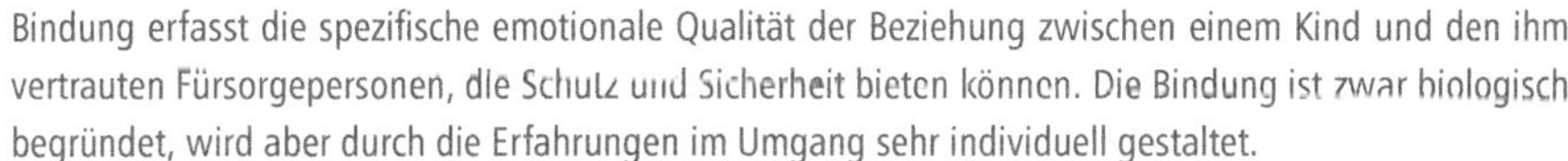
Bindung erfasst die spezifische emotionale Qualität der Beziehung zwischen einem Kind und den ihm vertrauten Fürsorgepersonen, die Schutz und Sicherheit bieten können. Die Bindung ist zwar biologisch begründet, wird aber durch die Erfahrungen im Umgang sehr individuell gestaltet.

Durch individuelle Erfahrungen entstehen überdauernde, dynamisch wirksame Muster der Bindungsqualität: So werden eine sichere Bindung, zwei Formen der unsicheren Bindung – die vermeidende und die ambivalente – sowie eine hoch unsichere Bindungsdesorganisation beschrieben.

Bei einer *sicheren Bindung* hat das Kind aufgrund der emotionalen Zuwendung und der feinfühligen Reaktionen starkes Vertrauen in seine Bezugspersonen entwickelt. Der heranwachsende Mensch kann daher Bedürfnisse und Gefühle, auch negative, offen zeigen. In der klassischen Beobachtungssituation, der fremden Situation, mit zwei kurzen Trennungen und Wiedervereinigungen, tritt dies bei 62 Prozent einer Normstichprobe aus den USA (Metaanalyse bei Unterscheidung von vier Bindungstypen), bei 45 Prozent der Kleinkinder aus repräsentativen Stichproben in Deutschland auf (Gloger-Tippelt & Tippelt, 2017; Gloger-Tippelt, Vetter & Rauh, 2000). Erfährt das Kind wiederholt Zurückweisung, wenn es bei Belastungen Nähe und Schutz sucht, so neigt es aufgrund dieser kränkenden Erfahrungen längerfristig dazu, keine Unterstützung zu fordern und keinen (Körper-)Kontakt zu suchen. Es wirkt scheinbar selbständig und unabhängig, ist jedoch nach physiologischen Messungen deutlich belastet (*vermeidende Bindung:* 15 % in den USA bzw. 28 % in Deutschland). Ein Kind mit *ambivalenter Bindung* hat die Erfahrung von schwer vorhersehbaren und kaum einschätzbaren Reaktionen der Bindungspersonen gemacht. Es neigt zu hilflosem oder passivem Verhalten sowie zu einem gesteigerten Ausdruck seiner Gefühle (z. B. Wut). Dieses wenig akzeptierte, eher unreif wirkende

Verhaltensmuster tritt am seltensten auf (9 % bzw. 10 %). *Unsichere Bindungen* sind aber nicht als pathologisch aufzufassen, sondern stellen Anpassungen an die erfahrene Interaktion mit den Fürsorgepersonen dar. Es gibt aber auch Kleinkinder, die auffällige, ängstliche und konfliktbelastete Verhaltensweisen bei der Rückkehr der Bindungsperson zeigen, die als „Furcht ohne Ausweg" zu verstehen sind (15 % bzw. 20 % in Normalstichproben, deutlich höher in Stichproben mit sozialem oder ökonomischem Risiko). Kinder, die in ihrer frühen Sozialisation extrem vernachlässigt oder misshandelt wurden, zeigen eine entsprechend *hoch unsichere desorganisierte Bindung*.

Insbesondere John Bowlby (1979) hat die Bedeutung einer *sicheren Bindung* für die gesamte Lebensspanne betont, wenngleich vor allem die frühen Jahre die entscheidenden seien:

> „Evidence is accumulating that human beings of all ages are happiest and able to deploy their talents to best advantage when they are confident that, standing behind them, there are one or more trusted persons who will come to their aid should differences arise. The person trusted, also known as an attachment figure [...] can be considered as providing his (or her) companion with a secure base from which to operate. The requirement of an attachment figure, a secure personal base, is [...] most evident and has been most studied" (Bowlby, 1979, S. 103).

Die sichere Bindung, die stark an die Entwicklung von Urvertrauen im Sinne Eriksons (1973) erinnert, ist also die günstigste Basis für die weitere Sozialisation. Insbesondere bei einer sicheren Bindung hat das Kind „Startvorteile" für die weitere sozial-emotionale Entwicklung. Es konnten Zusammenhänge mit Empathievermögen, sozialer Perspektivenübernahme (*Theory-of-mind*-Konzepte), Selbstwirksamkeit, sozialen Kompetenzen im Umgang mit Gleichaltrigen (wie geringere Aggressionsneigung und weniger Rückzugsverhalten) oder auch konstruktiven Konfliktlösungen nachgewiesen werden. Für die Erwachsenensozialisation können das kognitiv-vorausschauende Planen von Handlungen, eine Impulskontrolle, Frustrationstoleranz und eine kognitive Flexibilität als Vorteile sicherer Bindungserfahrungen hervorgehoben werden, wenngleich dies empirisch noch weiter erhärtet werden muss.

Merksatz

Sozialisationstheoretisch ist festzuhalten, dass die wichtigste, wenn auch nicht die alleinige Determinante der Bindungsqualitäten die *elterliche Feinfühligkeit* im Umgang mit den Kommunikationssignalen des Kindes ist, die dann in einer sicheren oder unsicheren Bindungsentwicklung zwischen Eltern und Kind resultieren kann.

Das Fehlen einer feinfühligen Umgangsweise führt zu dauerhaft hoch unsicheren Bindungen. Daher ist die Stärkung elterlicher oder nicht-elterlicher Beziehungs- und

Erziehungskompetenzen der wichtigste Ansatz verschiedener Präventions- und Interventionsansätze in der Familienbildung sowie in der Ausbildung von Erzieherinnen und Erziehern sowie Lehrerinnen und Lehrern. Weitere Einflüsse auf die Bindungsqualitäten nehmen sozioökonomische Risikofaktoren, starke elterliche Konflikte oder elterliche psychische Erkrankungen. Die Qualität der Eltern-Kind-Bindung (in ihren vier Varianten) wird als Prototyp für künftige Beziehungen im Lebenslauf angesehen, denn sie stellen Erwartungsmuster an die Reaktionen der Umwelt bei eigenen Belastungen dar. Die impliziten und expliziten Erwartungen entstehen aus den wiederholten Erfahrungen mit wichtigen Bindungspersonen, werden im autobiografischen Gedächtnis (z. B. in Form von Skripten oder Alltagsroutinen) gespeichert und dienen auch später im Lebensalter zur Vorhersage der sozialen Welt.

Eine vertiefte Beschäftigung mit der Bindungsforschung bietet die Chance, die vor allem in den interaktionistischen Konzepten so stark thematisierten sozialen Kompetenzen und sozial-kognitiven Fähigkeiten (wie Rollen- und Perspektivenübernahme oder Empathie in der Jugend- und Erwachsenensozialisation) wieder stärker in den Blick zu nehmen.

Sozialisationstheoretisch interessant sind die neueren Studien in der Bindungsforschung, die sowohl das Bindungsverhalten als auch die Bindungsrepräsentationen von Lehrenden und Erziehenden thematisieren (Schuengel, 2012; Verschueren, Doumen & Buyse, 2012). Auch wenn die Mutter-Kind-Interaktion nach wie vor dominierend ist, steht sie heute nicht mehr allein im Fokus der Bindungsforschung, denn auch Stressregulation oder Verhaltensauffälligkeiten sind in diesem Kontext zunehmend relevante Forschungsfelder (Ahnert u. a., 2012).

3.3 Sozial-ökologische Perspektive der Sozialisationsforschung

Die sozial-ökologische Perspektive nach Uri Bronfenbrenner (1981) betont, dass der Kontext in der Sozialisation eine besondere Bedeutung hat. Die Kernfrage ist also: Wie wirkt die Umwelt auf die Entwicklung des Menschen ein?

Sozialisation ist in Mensch-Umwelt-Systeme eingebunden, und es werden folglich Einrichtungen thematisiert, die für die Humanontogenese notwendig sind: Familie, Interaktionspartner, gesellschaftliche Institutionen. Anders als in traditionellen psychologischen Theorien wird nicht nur der Einfluss der näheren Umgebung, also der Eltern oder der Geschwister, für die Entwicklung berücksichtigt, sondern auch die weitere Umgebung, wie der Beruf und Arbeitsplatz der Eltern, der Kindergarten und die Schule sowie die Kultur und Gesellschaft, wird explizit beachtet. Damit wird die Persönlichkeitsentwicklung konsequent kontextualisiert, das heißt, Sozialisationsprozesse werden als *Wechselbeziehungen zwischen Mensch und Umweltsystemen* aufgefasst.

Uri Bronfenbrenner versteht Sozialisation als fortwährende Auseinandersetzung zwischen Individuum und Umwelt.

Definition

Sozialisation in sozial-ökologischer Perspektive

Sozialisation in sozial-ökologischer Perspektive (Bronfenbrenner, 1981) bedeutet, dass der heranwachsende Mensch schrittweise Entwicklungsaufgaben in Mikro- und Mesosystemen bewältigt, Handlungsstrukturen aufbaut, Wissen über Handlungsmöglichkeiten erwirbt und damit reflexiv und aktiv an seiner Sozialisation teilnimmt. Die Entwicklung des Individuums besteht dabei in einer langfristigen Veränderung seiner Interaktion mit der Umwelt.

Die Umwelt wird bei Bronfenbrenner (1981) in eine systematische Ordnung von fünf Systemen unterteilt:

1. Mikrosystem
2. Mesosystem
3. Exosystem
4. Makrosystem
5. Chronosystem

Diese Systeme werden im Folgenden erläutert und in Abbildung 1 dargestellt. Zwischen ihnen existieren vielfältige Verbindungen, die von wechselseitiger Abhängigkeit geprägt sind.

1. Das *Mikrosystem (Individuum)*, also das Individuum in der Familie mit all ihren Interaktionsbereichen, ist das unmittelbare System, in dem das Individuum lebt. Es beinhaltet sowohl die persönlichen Beziehungen der Familienmitglieder als auch die räumlichen und ökonomischen Gegebenheiten. Diese Settings im Mikrosystem prägen die „Tätigkeiten und Aktivitäten, Rollen und zwischenmenschlichen Beziehungen, die die in Entwicklung begriffene Person in einem gegebenen Lebensbereich mit den ihr eigentümlichen physischen und materiellen Merkmalen erlebt" (Bronfenbrenner, 1981, S. 38).
2. Das *Mesosystem (Interaktion)* verbindet die Wechselbeziehungen der verschiedenen anderen mikrosystemischen Lebensbereiche (z. B. Schule, Nachbarschaft) zu einem übergeordneten Netzwerk, denn es „umfasst die Wechselbeziehungen zwischen den Lebensbereichen, an denen die sich entwickelnde Person aktiv beteiligt" ist (ebd., S. 41). Für Erwachsene kann als Mesosystem „die Beziehung zwischen Familie, Arbeit und Bekanntenkreis oder im Falle einer Umschulung zwischen Familie, Weiterbildungseinrichtung und Bekanntenkreis genannt werden" (Reck-Hog, 1994, S. 153). Je mehr Lebensbereiche ein Individuum aktiv kennt, desto größer wird sein soziales Netzwerk erster Ordnung. Dieses Netzwerk wird erweitert, wenn ein Individuum in einen neuen Lebensbereich eintritt (z. B. Beginn einer beruflichen Tätigkeit). Solche Erweiterungen bezeichnet Bronfenbrenner (1981) als ökologische Übergänge: „Ein ökologischer Übergang findet statt, wenn eine Person ihre Position in der ökologisch verstandenen Umwelt durch einen Wechsel ihrer Rolle, ihres Lebensbereiches oder in beiden verändert" (ebd., S. 43).

3. Als *Exosystem (Institutionen)* werden dagegen Lebensbereiche definiert, „an denen die sich entwickelnde Person nicht selbst beteiligt ist, in denen aber Ereignisse stattfinden, die beeinflussen, was in ihrem Lebensbereich geschieht oder die davon beeinflusst werden“ (ebd., S. 42). Das Individuum gehört diesem System folglich nicht als handelnde Person an, wird aber indirekt davon beeinflusst. Die Tatsache beispielsweise, dass eine ältere Partnerin oder ein älterer Partner bereits in den sogenannten beruflichen Ruhestand übergeht, übt auf die jüngere Partnerin oder den jüngeren Partner einen Einfluss aus. Ebenso prägen in jüngeren Jahren der Beruf der Eltern und deren jeweilige Arbeitsplatzsituation die Berufs- und Lebensvorstellungen der Heranwachsenden.
4. Das *Makrosystem (Gesellschaft)* repräsentiert gesellschaftliche, politische und ökonomische Zusammenhänge, die ihrerseits Mikro-, Meso- und Exosysteme prägen. In ihm vereinigt sich die Gesamtkultur, das Werte- und Normensystem (z. B. demokratische Gesellschaft) sowie die „Ressourcen, Risiken, Lebensstile und der soziale Austausch“ (ebd.).
5. Das *Chronosystem (Zeit)* wurde von Bronfenbrenner ergänzend eingeführt. Mit diesem Begriff wird die Zeitdimension bezeichnet, die für das Verständnis von Sozialisationsprozessen von Bedeutung ist. Es umfasst „Lebensumstände wie beispielsweise Schuleintritt, Heirat, Pensionierung (normative Übergänge) sowie Scheidung, Krankheit, Umzug, Emigration, Arbeitslosigkeit, Umschulung, Berufswechsel (nicht normative Übergänge) oder eine Kette von Übergängen, die sich über einen längeren Zeitraum erstrecken“ (Reck-Hog, 1994, S. 153). Die Betrachtung von Chronosystemen ist in der Erwachsenensozialisation und -bildung von großer Bedeutung.

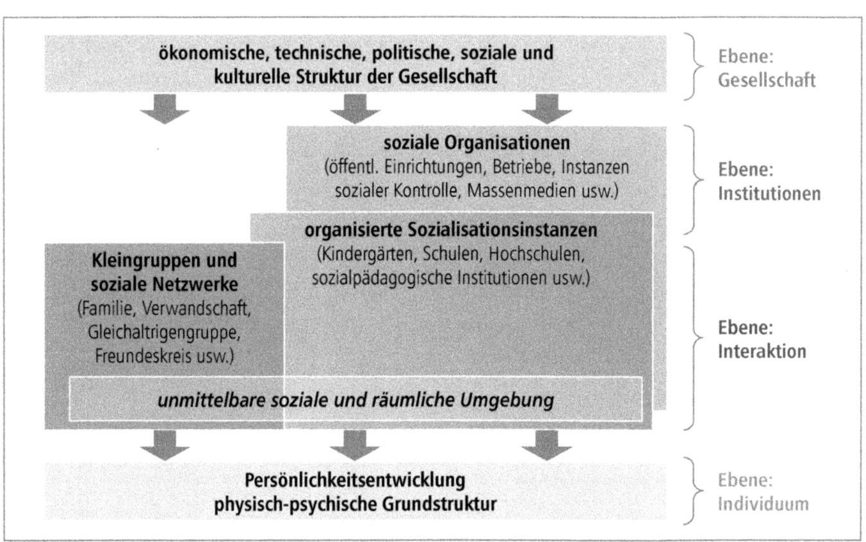

Abbildung 1: Mehrebenenmodell der Sozialisation (i. Anl. an Bronfenbrenner, 1981)

Für lebenslanges Lernen und die Erwachsenensozialisation und -bildung ist die Erkenntnis der hohen Veränderbarkeit und Plastizität menschlicher Entwicklung (aber auch ihrer Grenzen) im mittleren und im höheren Erwachsenenalter bedeutsam. Sozialisation und ein lebenslanges Lernen können die Selbstentfaltung der Persönlichkeit und die Behauptung der Selbstständigkeit über die Lebensspanne erhöhen.

Wissenswert

Auf die geringe Beteiligung an Weiterbildung am oberen Ende des Altersspektrums, auch infolge unzulänglicher schulischer und prekärer beruflicher Bildung, wird in diversen Studien hingewiesen. Englische Längsschnittuntersuchungen konnten jedoch zeigen, dass die Sozialisation und die intentionale Bildung auch im höheren Erwachsenenalter einen entscheidenden Beitrag zur persönlichen Gesundheit und zur Aufrechterhaltung kognitiver und physischer Fähigkeiten leistet und damit über das Berufsleben hinaus zum konstruktiven Altern und zur Wahrung eines autonomen Lebensstils bis ins hohe Alter beitragen kann (Bynner & Hammond, 2004; Bynner, Schuller & Feinstein, 2003). Dies ist aber nur möglich, weil die Intelligenz prinzipiell auch im Alter formbar bleibt (Kruse, 2007).

3.4 Zusammenfassung

Sozialisation in einer anregungsreichen Umwelt begünstigt die Entfaltung von Selbständigkeit und Autonomie. Aus den entwicklungstheoretischen Ansätzen zur Kindheit und des Aufwachsens erfährt man sehr viel darüber, welche Beziehungskonstellationen und genauer, welche Formen der Bindung sich auf ein aktives und explorierendes Verhalten der Heranwachsenden positiv oder negativ auswirken. Eine besondere Bedeutung hat die Sicherheit der frühen sozialen Beziehungen. Die kontinuierliche und verlässliche Auseinandersetzung zwischen Individuum, seinen Bezugspersonen und der erweiterten Umwelt werden dabei insbesondere in der sozial-ökologischen Sozialisationsforschung als ein aktiver Prozess verstanden, der bis in das Erwachsenenalter Spuren hinterlässt. Die heuristische Gliederung der ineinandergreifenden Umweltsysteme im Mehrebenenmodell der sozial-ökologischen Sozialisationsforschung ermöglicht eine genauere Differenzierung der Einflüsse der sozialen und physischen Umwelt auf die Persönlichkeitsentwicklung. Für die Erwachsenenbildung interessant ist das Berücksichtigen der sogenannten Chronosysteme, weil dadurch der zeitliche Verlauf von Entwicklung, Lernen und Sozialisation thematisiert wird.

Fragen & Aufgaben

1. Formulieren Sie auf der Basis bindungstheoretischer Befunde Herausforderungen an die Elternbildung.
2. Haben die Erkenntnisse und Befunde der Bindungsforschung einen besonderen Stellenwert für das Verstehen der Erwachsenensozialisation? Bitte begründen Sie Ihre positive oder negative Einschätzung.
3. Formulieren Sie je ein Beispiel aus Ihrem eigenen biografischen Kontext für einen normativen und einen nicht normativen Übergang.
4. Welche Vorteile ergeben sich für die Erwachsenenbildung, wenn man Chronosysteme in die Reflexion zur Sozialisation einbezieht?

Tipps zum Weiterlesen

Bronfenbrenner, U. (1981). *Die Ökologie der menschlichen Entwicklung. Natürliche und geplante Experimente*. Stuttgart: Klett-Cotta.
Uri Bronfenbrenner gilt als Pionier der sozial ökologischen Sozialisationsforschung, und er beschreibt ein Mehrebenenmodell der Sozialisation und des Lernens, in dem Mikro-, Meso-, Exo- und Makroebene unterschieden werden. Auf der Basis dieser Heuristik lassen sich die Einflüsse auf die menschliche Entwicklung systematisch strukturieren. Durch den darüber hinausgehenden Einbezug von Chronosystemen werden auch zeitliche Verläufe der Sozialisation und des Lernens thematisiert, was diesen Klassiker für die Erwachsenenbildung besonders interessant werden lässt.

Erikson, E. H. (1973). *Identität und Lebenszyklus*. Frankfurt a. M.: Suhrkamp.
Auf der Basis von Fallanalysen und klinischer Erfahrung entwickelt Erik H. Erikson sein Modell der Identitätsentwicklung in acht Phasen über den gesamten Lebenszyklus. Spannend ist an diesem eher psychoanalytischen Modell, dass es auch die Identitätskrisen im Erwachsenenalter diskutiert.

Gloger-Tippelt, G. (Hrsg.). (2001). *Bindung im Erwachsenenalter. Ein Handbuch für Forschung und Praxis*. Bern (CH): Huber.
Das Sammelwerk basiert auf den Theorien von John Bowlby und zeigt auf, wie Jugendliche und Erwachsene ihre Beziehungserfahrungen in der Herkunftsfamilie beschreiben. Die Arten der Bindung werden präzise dargestellt, und es werden diagnostische Vorgehensweisen zur Erfassung der Bindung durch internationale Expertinnen und Experten erläutert.

Gloger-Tippelt, G. & Tippelt, R. (2017). Frühkindliche Bildung und Bindung aus Lebenslaufperspektive. *Pädagogische Rundschau, 71*(3/4), 261–274.
Die emotionale Qualität des Verhältnisses von Kindern und Erwachsenen ist ein traditionelles pädagogisches Thema. Ohne emotionale Bindung ist Sozialisation und Lernen nicht möglich. In diesem Aufsatz werden unter anderem Bindungsrepräsentationen auf das Bildungsverhalten von Kindern bezogen.

Informelles Lernen und dessen Einbettung in pädagogische und politische Diskurse

In diesem Kapitel wird das informelle Lernen in seiner historischen Entwicklung beschrieben und von anderen Lernformen abgegrenzt. Dabei wird auch auf die besonderen Anforderungen, Möglichkeiten und Grenzen informellen Lernens eingegangen sowie auf das Verhältnis zwischen informellem, non-formalem und formalem Lernen. Eine besondere Rolle spielen dabei die Frage der Bildungsungleichheit sowie die Abgrenzung von selbstorganisiertem Lernen gegenüber ungeplantem Erfahrungslernen.

Lernziele

- die lerntheoretische Grundlegung informellen Lernens nachvollziehen können
- den Begriff „informelles Lernen" in seiner Breite kennenlernen und verstehen können
- informelles, non-formales und formales Lernen unterscheiden können
- informelles Lernen von Sozialisation theoretisch abgrenzen können

Teilnehmende an einem EDV-Kurs in einer Erwachsenen- und Weiterbildungseinrichtung werden – auch wenn sie vielleicht zum ersten Mal ein Erwachsenenbildungsangebot in diesem Themenfeld wahrnehmen – mit unterschiedlichem Vorwissen zum Thema in den Kurs einsteigen. Computer und digitale Medien sind im Alltag der meisten Erwachsenen heute so präsent, dass es kaum vorstellbar ist, nicht mit ihnen in Berührung zu kommen und sie in irgendeiner Weise zu nutzen. In der Regel erwerben wir das erforderliche Wissen zur Nutzung dieser Technologien aber beiläufig, beispielsweise durch Ausprobieren, Anleitung von Freunden, Bekannten oder Familienmitgliedern, durch Recherche im Internet oder den Austausch mit Kollegen. Mit diesem häufig unstrukturierten und erfahrungsbasierten Wissensbeständen kommen die Teilnehmenden dann in einen entsprechenden EDV-Kurs und versuchen dort, dieses Wissen zu strukturieren, eigene Wissenslücken – die oft erst in der Lernsituation bewusst werden – zu schließen oder sich gezielt auf den Umgang mit noch unvertrauten Anwendungen vorzubereiten. Dabei müssen Lehrende in der Erwachsenenbildung berücksichtigen, dass die Lernenden nicht nur bereits vor der Teilnahme Wissen erworben haben, sondern dieses Wissen parallel zum Kurs und danach in Anwendungssituationen weiter ausbauen und vertiefen. Auf dieses informelle Lernen können auch Erwachsenenbildungsangebote gezielt vorbereiten.

4.1 Was ist informelles Lernen?

Informelles Lernen ist die ursprüngliche und älteste Form menschlichen Lernens, die weder an Bildungsinstitutionen noch an Lehrpersonal gebunden ist. Lange bevor es Schulen oder andere Bildungseinrichtungen gab, haben Menschen ihr Wissen, ihre Fähigkeiten und kulturellen Errungenschaften an nachkommende Generationen, aber auch innerhalb einer Generation weitergegeben. Auch heute noch werden Traditionen, Mythen und andere tradierte Wissensbestände in allen Kulturen vorrangig informell weitergegeben. Informelle Lernprozesse leisten somit einen nicht zu ersetzenden Beitrag zur kulturellen Reproduktion und ermöglichen durch ihre prinzipielle Inhaltsoffenheit und Unabhängigkeit von vorgegebenen Curricula auch erst die Entstehung neuer Ideen und somit die kulturelle Weiterentwicklung (Becker, 2000).

Die wissenschaftliche und bildungspolitische (Wieder-)Entdeckung dieser Form des Lernens ist vergleichsweise jung. Der Begriff des informellen Lernens wird auf John Dewey (1916) zurückgeführt und durch den amerikanischen Erwachsenenbildungsforscher Malcolm Knowles neu aufgegriffen, als er 1950 ein Buch mit dem Titel *„Informal Adult Education“* veröffentlichte. Wenngleich Knowles Idee von informellem Lernen eher dem entspricht, was in internationalen Diskursen heute meist als non-formale Erwachsenenbildung beschrieben wird, hat er damit die Unterscheidung von formaler und informeller Weiterbildung eingeführt. Populär wurde die Idee des informellen Lernens in dem Verständnis, wie es auch diesem Lehrbuch zugrundeliegt, durch Berichte der OECD, der UNESCO und der Europäischen Kommission zum Lebenslangen Lernen. Dort wird zudem die Differenzierung von formalem, non-formalem und informellem Lernen festgehalten, die heute in politischen und wissenschaftlichen Diskursen dominiert.

Definition

Formales, non-formales, informelles Lernen

Formales Lernen bezeichnet alle Lernprozesse, die in Bildungs- und Ausbildungseinrichtungen stattfinden und zu anerkannten Abschlüssen und Qualifikationen führen. Dazu gehören beispielsweise schulische Abschlüsse, Berufs- oder Studienabschlüsse.

Non-formales (auch nicht-formales) Lernen umfasst alle organisierten Bildungsangebote, die nicht zu allgemein anerkannten Zertifikaten führen. Dazu gehört der ganze Bereich der Erwachsenen- und Weiterbildung, einschließlich Kursen und Maßnahmen in Betrieben, Vereinen und Verbänden oder anderen Organisationen – auch wenn Bildung und Lernen nicht zu deren Hauptaufgaben zählt.

Informelles Lernen schließlich beschreibt alle Formen des Lernens, die durch die Lernenden selbstorganisiert oder auch unbewusst im Rahmen anderer Aktivitäten stattfinden. „Anders als beim formalen und nicht-formalen Lernen handelt es sich beim informellen Lernen nicht notwendigerweise um ein intentionales Lernen, weshalb es auch von den Lernenden selbst unter Umständen gar nicht als Erweiterung ihres Wissens und ihrer Fähigkeiten wahrgenommen wird" (Europäische Kommission, 2000).

Die politische Wirkung der überwiegend in den 1990er Jahren entstandenen Berichte beruht insbesondere auf der Anerkennung der Tatsache, dass beruflich und außerberuflich relevante Kompetenzen nicht nur außerhalb organisierter Bildungsangebote erworben werden können, sondern die so erworbenen Fähigkeiten und Wissensbestände grundsätzlich gleichwertig sind gegenüber den im Bildungssystem erworbenen. Daraus ergab sich das Problem der Feststellung und Anerkennung von informell erworbenen Kompetenzen, das auch aktuell wieder intensiv bearbeitet wird und auf das später noch eingegangen wird.

Informelles Lernen wird vor dem Hintergrund dieses breiten Verständnisses auch als eine „Restkategorie" (Schmidt, 2009, S. 98; Werquin, 2016) beschrieben, da der Begriff sehr unterschiedliche Formen des Lernens umfasst, die insbesondere gemein haben, dass sie nicht professionell begleitet werden. Insofern werden die autodidaktische Aneignung beispielsweise einer Sprache oder das Lernen im Arbeitsvollzug ebenso unter diese Kategorie gefasst wie implizite Lernprozesse in formalen Kontexten (z. B. der Aufbau von Freundschaftskonzepten im Klassenverband). Letzteres Beispiel zeigt besonders deutlich, dass sich informelles Lernen oft schwer von Sozialisation abgrenzen lässt, vor allem, wenn es sich um beiläufiges und damit häufig unbewusstes Lernen handelt. Spricht man dann von Lernen, „wenn die individuumsbezogenen Folgen des Zusammenspiels von Verhalten, Information, Motivation und Emotion aus einer überdauernden Veränderung von inneren Bedingungen bestehen" (Straka, 2000, S. 19), so können Sozialisationsprozesse durchaus als eine bestimmte Form des (meist unbewussten) Lernens verstanden werden. Während sozialisationstheoretische Betrachtungen aber vor allem danach fragen, wie Strukturen der sozialen und dinglichen Umwelt auf die Entwicklung eines Individuums wirken, fokussieren lerntheoretische Zugänge stärker auf den Aufbau von individuellen Wissensbeständen, Einstellungen, Motiven, Kompetenzen oder Weltsichten. Forschungsarbeiten zu informellem Lernen fragen vor diesem Hintergrund unter anderem danach, unter welchen Bedingungen informelle Lernprozesse stattfinden und wie die Rahmenbedingungen hierfür optimiert werden können.

4.2 Formen, Prozesse und Ergebnisse informellen Lernens

Kann informelles Lernen formalisierte Bildungssettings ersetzen?

Gerade in der beruflichen Bildung – aber nicht nur dort – taucht immer wieder die Frage auf, inwieweit sich formalisierte (Aus-)Bildungsstrukturen durch informelles Lernen ersetzen lassen. Fragt man beispielsweise Erwerbstätige nach den Lernwegen, die am meisten zu ihrer Kompetenzentwicklung beigetragen haben, so landen formale und non-formale Bildungsangebote oft auf den hinteren Rängen (z. B. CEDEFOP, 2003), und zu diesem Bild passend scheint die Beteiligung an informellen Lernaktivitäten deutlich ausgeprägter zu sein (Kaufmann, 2016). Allerdings handelt es sich dabei um rein subjektive Einschätzungen der Befragten, und eine klare *Quantifizierung informeller Lernaktivitäten* scheint schon aufgrund der Vielfalt und der Kontinuität des Lernens im Alltag weder möglich noch sinnvoll. Denn wir lernen im Alltag permanent und unvermeidlich – meist ohne uns dessen bewusst zu sein.

Beispiel

Die Bedienung eines Smartphones erlernen wir in der Regel durch den intuitiven Umgang mit dem Gerät, ohne dass uns in dem Moment bewusst wird, dass wir etwas lernen. Entsprechend schwer fällt es dann, eine Antwort auf die Frage zu geben, wann oder wie wir gelernt haben, bestimmte Apps zu bedienen oder auch deren Handhabung anderen Personen Schritt für Schritt zu erklären.

Es ist daher nicht verwunderlich, dass Studien bei dem Versuch, informelles Lernen quantitativ zu erfassen, zu sehr unterschiedlichen Ergebnissen kommen (Schmidt, 2009, S. 112 f.) – jeweils in Abhängigkeit davon, wie nach welchen Formen informellen Lernens gefragt wird. Die Quantität informellen Lernens ist kaum abzuschätzen – insbesondere, wenn man unbewusste Lernvorgänge beispielsweise in der Familie, am Arbeitsplatz oder im Freundeskreis berücksichtigt. Unbewusst lernen wir kontinuierlich, was es praktisch unmöglich macht, die Anteile informellen Lernens am menschlichen Lernen insgesamt zu beziffern. In der Literatur finden sich hierzu Schätzungen zwischen 70 Prozent (Dohmen, 2001, S. 7) und 89 Prozent (Baethge & Baethge-Kinsky, 2004, S. 19), die aber eher symbolisch zu verstehen sind und vor allem die Botschaft vermitteln, dass die meisten Lernprozesse informeller Natur sind.

Informelle Lernformen können organisierte Lernangebote aber schon deshalb nicht ersetzen, weil die Lernergebnisse jeweils unterschiedliche sind – formell und informell also unterschiedliche *Formen von Wissen* aufgebaut werden.

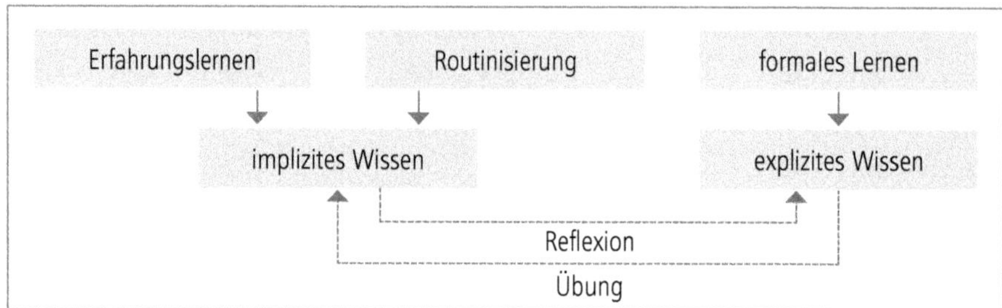

Abbildung 2: Genese impliziten und expliziten Wissens (nach Argyris & Schön, 1978)

Formales Lernen bringt eher explizites Theoriewissen hervor; durch informelles Lernen wird zumeist implizites Erfahrungswissen erworben.

Formale und non-formale Lernaktivitäten führen dabei in erster Linie zum Aufbau *expliziten Wissens*, das heißt Wissen, das von den Lernenden in Worte gefasst und weitergegeben werden kann, dessen Übertragung auf konkrete Anwendungssituationen aber noch einmal besondere Herausforderungen mit sich bringt. Während die Umsetzung dieses expliziten Wissens häufig innerhalb oder außerhalb entsprechender Lernangebote erst noch eigens gelernt werden muss (z. B. durch entsprechende Übungen), wird durch konkrete Erfahrungen aufgebautes *implizites Wissen* unmittelbar angewandt, ohne dass sich die Wissensträger dessen immer bewusst sind. Implizites Wissen ist hingegen oft schwer zu artikulieren oder an andere weiterzugeben, und es bedarf häufig weiterer Lernschritte (z. B. durch Reflexionsaufgaben), um sich implizites Wissen bewusst zu machen und es dann auch in Worte fassen zu können (Argyris & Schön, 1999; → Abb. 2).

Beispiel

Ein erfahrener Erwachsenenbildner ohne einschlägige pädagogische Ausbildung handelt in schwierigen Unterrichtssituationen unter Umständen meist genau richtig und ist damit sehr erfolgreich, ohne aber selbst sagen zu können, warum er in diesen Situationen in einer bestimmten Weise reagiert hat und ohne dies in allgemeine Handlungsmaxime übersetzen zu können. Er verfügt also über implizites Erfahrungswissen, das er über Jahre hinweg aufgebaut hat.

Eine Absolventin eines einschlägigen Studiengangs hingegen kann vorab theoretisch begründete Handlungspläne entwerfen und schwierige Unterrichtssituationen auf Basis theoretischer Grundlagen analysieren. Zu Beginn ihrer Berufspraxis fällt es ihr jedoch zuweilen schwer, allgemeine erwachsenenpädagogische Prinzipien in jeweils spezifischen Situationen umzusetzen, also ihr explizites Wissen in praktisches Handeln zu übertragen.

Beruflich in der Erwachsenenbildung Tätigen stellt sich vor diesem Hintergrund auch die Aufgabe, einen Raum für die Reflexion und Artikulation von informell Gelerntem zu bieten und Lernende zu befähigen, angestoßene Lernprozesse auch außerhalb organisierter Bildungsmaßnahmen selbstgesteuert fortzusetzen.

Formale Bildungsangebote gewährleisten überdies den Erwerb allgemein anerkannter Zertifikate und regeln auch im Bereich der Erwachsenen- und Weiterbildung die *Zugangschancen* zu bestimmten beruflichen Tätigkeitsfeldern bzw. legitimieren die Begrenzung dieser Zugänge. Demgegenüber scheint sich das Lernergebnis in informellen Kontexten im Vergleich zu organisierten Bildungsangeboten weniger stark *steuern* zu lassen, was Vor- und auch Nachteile mit sich bringt. So wird in Studien beispielsweise darauf verwiesen, dass informelle Lernprozesse unabhängig von staatlich organisierten Bildungs- und Erziehungsprogrammen ablaufen, was gerade in einigen Entwicklungsländern als Vorteil gesehen wird (z. B. Singh, 2005). Informelle Lernprozesse lassen sich dadurch auch nicht so leicht staatlich instrumentalisieren, sind aber dennoch nicht unabhängig von steuernden Einflüssen, beispielsweise von Unternehmen (Garrick, 1998).

Während formale Bildungsangebote durch Zertifikate belegt werden können, sind informelle Lernprozesse kaum steuerbar.

Andere Hoffnungen hinsichtlich informellen Lernens (dass z. B. gerade Gruppen, die weniger an formaler und non-formaler Bildung partizipieren, dies durch verstärktes informelles Lernen kompensieren) haben sich empirisch nicht bestätigt. Im Gegenteil, es scheint so, dass gerade Höherqualifizierte in privilegierten gesellschaftlichen Positionen auch mehr informell lernen (Kaufmann-Kuchta & Kuper, 2017; Schmidt, 2009). Dies ist nicht zuletzt darauf zurückzuführen, dass informelles Lernen – insbesondere die selbstgesteuerte Aneignung von Inhalten oder die selbstreflexive Auseinandersetzung mit gemachten Erfahrungen – Lernkompetenz voraussetzt, wie sie vor allem in formalen bzw. non-formalen Settings auf- und ausgebaut werden kann (Arnold & Pätzold, 2003).

Informelle Lernformen ersetzen (non-)formale also nicht, erweitern das Spektrum von Lernsituationen und -gelegenheiten gegenüber organisiertem Lernen aber erheblich. Gerade wenn die Vermittlung anwendungsorientierten Wissens im Mittelpunkt steht, ist diese Vielfalt wesentlich (Dohmen, 2001, S. 33), da der *Transfer von Gelerntem* in einen konkreten Anwendungskontext umso besser gelingt, je ähnlicher sich Lern- und Anwendungssituation sind. Entsprechend wird im Klassenzimmer erworbenes Wissen in der Regel deutlich schwerer in eine Handlungssituation zu übertragen sein als in authentischen Handlungssituationen aufgebautes Know-How. Die Intensität des unmittelbaren Erfahrungslernens lässt sich auch in didaktisch hervorragenden Bildungsveranstaltungen nicht erreichen, zumal formalen Bildungsangeboten, insbesondere dem schulischen Unterricht, häufig vorgeworfen wird, sich von den Wissensbedürfnissen der Lernenden „entfremdet" zu haben (z. B. ebd., S. 8). Der Anspruch von Bildungsprozessen muss somit über die reine Wissensaneignung hinausgehen und auch die „bewusste, kritische und verantwortliche Einschätzung und Bewertung von Handlungen auf der Basis von Erfahrung und Wissen" (Dehnbostel, 2005, S. 149) einschließen. Diese Einordnung bedingt eine kritische Auseinandersetzung und distanzierte Betrachtung von Erfahrungen und Wissen, wie sie insbesondere in formalen und non-formalen Lernkontexten hergestellt und durch qualifizierte Erwachsenenbildnerinnen und Erwachsenenbildner angeregt werden kann.

Merksatz

Informelle, non-formale und formale Lernaktivitäten stehen keineswegs in Konkurrenz zueinander, sondern ergänzen sich gegenseitig.

4.3 Selbstorganisiertes und Erfahrungslernen

Zwar ist es in informellen Lernsituationen oft schwierig, die nötige Distanz zu den konkreten Lern- und Handlungssituationen aufzubauen, doch ist das Erkennen allgemeiner Entscheidungs- und Handlungsstrategien hinter einer konkreten Problemlösung eine wichtige Voraussetzung zum Aufbau einer breiten Handlungskompetenz. Die Reflexion von Wissensbeständen, aber auch der Weg der Wissensaneignung sind also wesentliche Beiträge zur Entwicklung von Handlungskompetenz. Im Bereich des beruflichen Handelns wird dies auch mit dem Idealbild des *reflective practitioner* (Schön, 1990) in Verbindung gebracht.

Merksatz

Der *reflective practitioner* zeichnet sich dadurch aus, dass er nicht nur in einer konkreten Anforderungssituation die jeweiligen Bedingungen und Möglichkeiten des Handelns kritisch überprüft (*reflection in action*), sondern auch im Nachhinein das eigene Handeln zum Gegenstand einer kritischen Auseinandersetzung macht (*reflection on action*).

Während internationale Forschungsarbeiten zum *Erfahrungslernen*, also zum impliziten Lernen im konkreten Handlungsvollzug, vor allem von US-amerikanischen und australischen Forschungen geprägt sind, konzentrieren sich viele Studien in Deutschland stärker auf *selbstorganisierte Lernprozesse* – als eine andere, stärker intentional gesteuerte Form des informellen Lernens (z. B. Kaufmann-Kuchta & Kuper, 2017). Selbstorganisiertes Lernen erfordert von den Lernenden nicht nur die Beschaffung von Lernmaterialien und die Strukturierung des eigenen Lernprozesses, sondern setzt auch Strategien voraus, den eigenen Lernfortschritt zu prüfen (Kraft, 1999). Der Zugang zu Informationen und Erfahrungsfeldern spielt hier – wie bei anderen informellen Lernformen auch – eine zentrale Rolle und ist stark von der jeweiligen Lebenslage abhängig. Darüber hinaus erfordert selbstorganisiertes Lernen auch eigene Zeitfenster, was gerade in betrieblichen Kontexten schnell übersehen wird, beispielsweise wenn kleinteilige Selbstlernangebote am Arbeitsplatz bearbeitet werden sollen.

Definition

Selbstorganisiertes Lernen

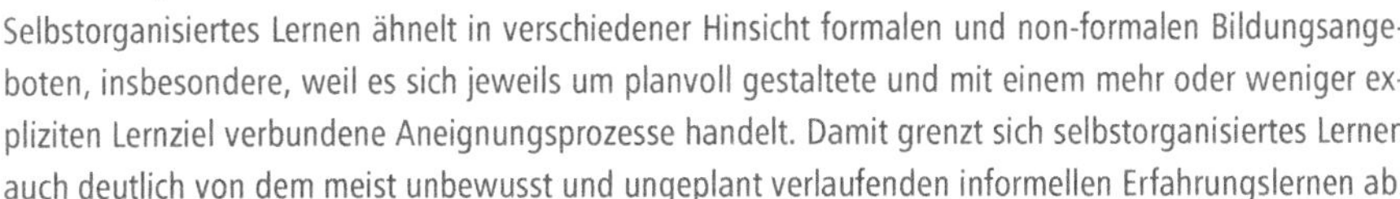

Selbstorganisiertes Lernen ähnelt in verschiedener Hinsicht formalen und non-formalen Bildungsangeboten, insbesondere, weil es sich jeweils um planvoll gestaltete und mit einem mehr oder weniger expliziten Lernziel verbundene Aneignungsprozesse handelt. Damit grenzt sich selbstorganisiertes Lernen auch deutlich von dem meist unbewusst und ungeplant verlaufenden informellen Erfahrungslernen ab.

Selbstorganisiertes Lernen lässt sich also vor allem dann effektiv umsetzen, wenn

- die Lernenden viel Lernerfahrung und, daraus resultierend, eine umfassende Lernkompetenz mitbringen,
- die erforderlichen Informations- und Lernressourcen (z. B. Bücher, Medien, Ansprechpartner) verfügbar sind und
- die Lernenden auch die Möglichkeit haben, Zeitressourcen für das jeweilige Lernvorhaben aufzubringen.

Mit der kontinuierlichen und sehr schnellen Erweiterung digitaler Informationssysteme und Lernangebote haben sich die Ressourcen für selbstorganisiertes Lernen in den vergangenen Jahrzehnten enorm erweitert. Die Grenzen zwischen Selbst- und Fremdsteuerung im Lernprozess sind gerade in digitalen Umgebungen kaum mehr klar zu ziehen. Hier vermischen sich reine Informationsangebote, in welchen die Lernenden völlig selbständig navigieren und ihren Lernprozess ähnlich wie bei Print-Medien selbst organisieren müssen, mit didaktisch aufbereiteten und an vordefinierte Lernwege gekoppelte E-Learning-Angebote, die den Lernenden kaum mehr Selbstorganisation abverlangen bzw. ermöglichen.

Einige Autorinnen und Autoren plädieren daher auch dafür, selbstorganisiertes Lernen und Erfahrungslernen begrifflich zu trennen und die Bezeichnung „informelles Lernen" nur für eines von beidem zu verwenden. Während Dieter Kirchhöfer (2003) „informelles Lernen" weitgehend mit „selbstorgansiertem Lernen" gleichsetzt, verwenden einige andere den Begriff ausschließlich für „ungeplantes beiläufiges Lernen" (Dehnbostel, 2005; Marsick & Neaman, 2017). In diesem Lehrbuch verwenden wir den Begriff in seiner breiten – und in internationalen Diskursen inzwischen dominierenden – Lesart und fassen sowohl „selbstorganisiertes" als auch „beiläufiges" Lernen darunter, differenzieren diese in der Tat sehr unterschiedlichen Aneignungswege aber bei Bedarf.

4.4 Zusammenfassung

Informelles Lernen ist ein Konzept, das sehr unterschiedliche Formen von Lernprozessen umfasst. Vermutlich wird auch deshalb der Begriff bildungspolitisch mit unterschiedlichen – teilweise auch überzogenen – Erwartungen verknüpft. Aus Sicht der Erwachsenenbildungsforschung sind nicht nur individuelle und kontextuelle Voraussetzungen für informelles Lernen zu prüfen, sondern auch dessen Ergebnisse beispielsweise in Form von Wissen, Kompetenzen und Einstellungen zu hinterfragen. Wichtig ist dabei zu beachten, dass Lernwege und Aneignungsformen auch die Lernergebnisse beeinflussen und vor diesem Hintergrund informelles Lernen weder formale noch non-formale Lerngelegenheiten vollständig ersetzen kann, ebenso wenig wie umgekehrt. Allerdings zeigt sich auch, dass informelles Lernen teilweise von ähnlichen Voraussetzungen und Bedingungen abhängig ist wie organisierte Bildungsaktivitäten und daher die Gruppen, die stärker an organisierter Weiterbildung partizipieren, auch tendenziell mehr und effizienter informell lernen.

Fragen & Aufgaben

1. Wie lässt sich „informelles Lernen" von „formalem Lernen" und „non-formalem Lernen" abgrenzen?
2. Welche Folgen haben die Anforderungen an informell Lernende hinsichtlich bestehender Bildungsungleichheiten?

Tipps zum Weiterlesen

Dohmen, G. (2001). *Das informelle Lernen. Die internationale Erschließung einer bisher vernachlässigten Grundform menschlichen Lernens für das lebenslange Lernen aller.* Bonn: BMBF.
Diese Expertise gilt als das zentrale Bezugsdokument zum informellen Lernen im deutschsprachigen Raum. Günther Dohmen, der über lange Jahre eng mit der OECD zusammenarbeitete, hat mit diesem Band die Idee des informellen Lernens in Deutschland populär gemacht und eine ganze Reihe von Forschungsinitiativen hierzu ausgelöst. Sein Überblick über Begriffe, Möglichkeiten und Grenzen informellen Lernens sind auch fast zwei Jahrzehnte nach dem Erscheinen des Berichts unverändert aktuell und bieten einen hervorragenden Überblick zum Thema.

Kraft, S. (1999). Selbstgesteuertes Lernen. Problembereiche in Theorie und Praxis. *Zeitschrift für Pädagogik, 45*(6), 833–845.
Susanne Krafts Arbeit zu selbstgesteuertem Lernen – das mit dem in diesem Kapitel angesprochenen selbstorganisierten Lernen gleichgesetzt werden kann – beschreibt nicht nur die zentralen Charakteristika selbstgesteuerten Lernens, sondern geht insbesondere auch auf die nötigen Voraussetzungen der Lernenden ein. Für eine vertiefte Auseinandersetzung mit selbstgesteuertem bzw. selbstorganisiertem Lernen bietet dieser Aufsatz einen sehr guten Einstieg.

Overwien, B. (2005). Informelles Lernen. Ein Begriff zwischen ökonomischen Interessen und selbstbestimmtem Lernen. In K. Künzel (Hrsg.), *Internationales Jahrbuch der Erwachsenenbildung.* (Bd. 31/32: Informelles Lernen – Selbstbildung und soziale Praxis, S. 1–26). Köln: Böhlau.
Bernd Overwien bietet in seinem Aufsatz einen sehr gut recherchierten und gut lesbaren Überblick über die Historie des informellen Lernens und insbesondere der wissenschaftlichen Auseinandersetzung mit diesem Phänomen. Dabei hat er nicht nur die deutschsprachige Diskussion, sondern auch die internationalen Forschungsarbeiten in diesem Bereich im Blick und verweist immer wieder auf die uneinheitliche Begriffsverwendung und die unterschiedlichen Lesarten von informellem Lernen.

Schön, D. A. (1990). *Educating the reflective practitioner.* San Francisco (US): Routledge.
Die Arbeiten von Donald A. Schön gelten weltweit als Klassiker im Bereich der Organisationsentwicklung und des beruflichen Lernens, insbesondere auch des informellen, arbeitsplatzbezogenen Lernens. Aber auch jenseits beruflicher Kontexte bieten seine zentralen theoretischen Grundlegungen eine exzellente Basis für die Klassifikation und Analyse des Erfahrungslernens.

TEIL 2

Erforschen und Vermitteln – Kontexte von Sozialisation und informellem Lernen und deren Bedeutung für die Erwachsenen- und Weiterbildung

5

Sozialisation und informelles Lernen in Kindheit und Familie

Inwiefern Lernen im Erwachsenenalter erfolgreich ist und welche Chancen auf gesellschaftlichen Anschluss ein Mensch hat, wird in starkem Maße durch frühkindliche Sozialisations- und Lernprozesse primär im Familienkontext, aber auch in Kindertagesstätten und Grundschulen geprägt. Die Familie bleibt jedoch auch für Erwachsene bedeutende Sozialisationsinstanz und informeller Lernort. In diesem Kapitel wird die Bedeutung des Bildungshintergrunds der Herkunftsfamilie für das Lernen diskutiert sowie auf informelles und intergenerationelles Lernen im Familienverbund eingegangen.

Lernziele

- die Relevanz der frühen Sozialisations- und Lernprozesse im Kindes- und Jugendalter für die Lebenschancen im Erwachsenenalter erkennen können
- Bildungsverläufe im Kontext der sozialen Herkunft und insbesondere der familialen Einflüsse darlegen können
- die Notwendigkeit der kindlichen Sozialisation in Kindertagesstätten und Grundschulen für das Lernen Erwachsener auch entlang internationaler Forschungsdiskurse begründen können
- das informelle Lernen Erwachsener im familialen Kontext sozialisationstheoretisch einordnen können

Verschiedene autobiografische Reflexionen namhafter Sozialwissenschaftlerinnen und Sozialwissenschaftler verdeutlichen, wie schwierig, aufreibend und damit auch unwahrscheinlich das Erreichen akademischer Abschlüsse und Karrieren für Kinder ist, die in sogenannten bildungsfernen Schichten aufgewachsen sind. Ein Beispiel hierfür ist das Buch „Rückkehr nach Reims" von Didier Eribon (2016), in dem der aus dem Arbeitermilieu stammende Autor eindrucksvoll seine eigene Kindheit und seinen sozialen Aufstieg über das Bildungssystem reflektiert und zeigt, wie ungleich schwieriger eine erfolgreiche Bildungskarriere für ihn war und wie stark er sich von diesen frühen Sozialisationserfahrungen lossagen musste, um letztlich seine beruflichen und privaten Lebensziele erreichen zu können. Hier zeigt sich, dass gerade frühe Sozialisations- und Lernprozesse im Kindes- und Jugendalter einen starken Einfluss auf erfolgreiches Lernen in unterschiedlichen Phasen des Erwachsenenalters haben.

5.1 Sozialisation und informelles Lernen als lebenslanger Prozess

Der Begriff „Sozialisation", verstanden im Sinne von lebenslangem Lernen, beinhaltet alle Formen des Lernens über die gesamte Lebensspanne eines Menschen hinweg. Es handelt sich nach Christiane Hof (2009, S. 15) um ein „alltägliches Phänomen", das zu den „Grunderfahrungen" eines Menschen gehört. In Deutschland zählen Sozialisation und das Lernen im Lebenslauf zu den wesentlichen Herausforderungen in den politischen und gesellschaftlichen Bereichen, deren Realisierung einen wichtigen Beitrag für die Perspektiven jeder und jedes Einzelnen leistet und die sich als relevant für das Gelingen von wirtschaftlichen und gesellschaftlichen Zielen erwiesen hat.

Auf der individuellen Ebene zeigt sich diese Grunderfahrung ebenfalls: „Lernmotivation und -interesse, eine aktive und bewusste Auseinandersetzung mit neuen Anforderungen und metakognitive Kompetenzen entwickeln sich vor allem aufgrund früher Lernerfahrungen in Schule und Elternhaus" (Tippelt, 2007, S. 445). Doch jeder Mensch benötigt die Möglichkeit, das ganze Leben lang entsprechend der Lebenssituation und der Lernbedarfe zu lernen (BMZ, 2014). Das bedeutet, dass die Sozialisation und das informelle Lernen auch über die schulische Ausbildung hinaus gelingen sollen. Daraus resultiert der Ansatz einer *ganzheitlichen* Förderung und Unterstützung. Dieser beinhaltet, dass alle Sozialisations- und Bildungsbereiche integriert werden und sowohl formales, non-formales wie informelles Lernen berücksichtigt werden. Die frühkindliche Bildung und Sozialisation haben im Rahmen der PISA-Studien internationale Aufmerksamkeit erlangt. Die Erkenntnisse aus PISA ermöglichen es, mithilfe gezielter Förderung die Chancengleichheit der Kinder bei Schulbeginn zu erreichen und soziale Differenzen abzubauen. Eine ganzheitliche Förderung muss nach Margrit Stamm (2010, S. 20) als ein „sozialer und kulturell bestimmter Prozess verstanden werden, an dem das gesamte gesellschaftliche Umfeld beteiligt ist".

Die Sozialisations- wie auch die Bildungsforschung zeigen, dass keine Altersstufe bei der Entwicklung Vorrang hat. Über die Lebensspanne hinweg in allen Phasen treten kontinuierliche und kumulative, aber auch diskontinuierliche Entwicklungsprozesse auf. Insbesondere durch die sozial-ökologische Perspektive der Lebensverlaufsforschung (Bronfenbrenner, 1981, 1994; → Kap. 3.3) gelingt es, die Zusammenhänge der individuellen Entwicklung und der Umweltkontexte nicht nur in Mikro-, Meso-, Exo- und Makrosystemen zu rekonstruieren, sondern auch in sogenannten Chronosystemen, die sich auf Lebensübergänge von Individuen und sozialen Gruppen beziehen. Nach Uri Bronfenbrenner basieren Sozialisation, Bildung und Entwicklung auf einer Kette von Ereignissen, die sich über einen längeren Zeitraum erstrecken und neben der Vernetzung und Gestaltung sozial-ökologischer Übergänge auch von kommunalen und regionalen Bedingungen abhängig sind. Bei der Beantwortung pädagogisch relevanter Fragen der Sozialisations-, Bildungs- und Lebensverlaufsforschung müssen immer wieder Disziplin- und Theoriegrenzen überschritten werden. Bei Analysen über die Lebensspanne sind unter anderem die Lebensverlaufsforschung, die individuelle Biografieanalyse sowie die Entwicklungspsychologie der Lebensspanne unverzichtbare Quellen zum besseren Verständnis – auch für die Aufgaben der Erwachsenenbildung.

5.2 Sozialisation in der Familie

Die große Bedeutung der Familie, aufgrund ihrer Anregungs- und Unterstützungspotenziale (Büchner, 2006), die sich im Familienalltag ergeben, wirkt sich gravierend auf den kindlichen Sozialisationsprozess aus. Dieser Sozialisationsprozess hat starken Einfluss auf die Sach-, Selbst- und Sozialkompetenz der Kinder und der gesamten Familie. Ebenso ist die *Familie ein maßgeblicher Sozialisationsort,* an dem Kinder die Motivation und Fähigkeit zu lebenslangem Lernen erwerben können. Damit trägt sie nachhaltig zur kulturellen Teilhabe sowie zur sozialen Anschlussfähigkeit bei.

Aus vielen Untersuchungen ist bekannt, dass der Umfang des sozialisationsrelevanten Anregungspotenzials in den Familien sehr unterschiedlich ausfällt. Diese sind unter anderem Ursache dafür, dass Bildungschancen zwischen verschiedenen Bevölkerungsgruppen ungleich verteilt sind und insbesondere Kinder aus bildungsfernen sowie sozioökonomisch benachteiligten Familien in der Regel schlechtere Chancen auf eine höhere Bildung haben. Nicht nur für Deutschland verdeutlichen die Ergebnisse aus internationalen Leistungsstudien (z. B. PISA) besonders eindrücklich, dass sich die familiale Herkunft und Sozialisation entscheidend auf die generative Weitergabe des Bildungserfolgs von Kindern und Jugendlichen auswirkt. Parallel dazu wird aber auch erkennbar, dass dieser Einfluss nicht vollkommen determinierend wirkt. So verweisen empirische Erkenntnisse der Bildungs- und Sozialisationsforschung immer wieder auf erwartungswidrige Bildungskarrieren oder unterschiedliche Bildungsverläufe, beispielsweise von Geschwistern, die im Prinzip unter sehr ähnlichen familialen Sozialisationsbedingungen aufwachsen, aber sehr unterschiedliche Bildungswege einschlagen oder von Kindern, die in sogenannten bildungsfernen Lernumgebungen aufwachsen und dennoch in der Bildung erfolgreich sind.

Bedeutende, empirisch belegte Faktoren für gelingende Sozialisationsprozesse haben Leon Feinstein, Kathryn Duckworth und Ricardo Sabates (2008), die sich am *Center for Research on the Wider Benefits of Learning* der Universität London mit der generativen Weitergabe von Bildungserfolgen befassen, herausgearbeitet. Ihr Modell basiert auf dem sozial-ökologischen Sozialisations- und Entwicklungskonzept Bronfenbrenners (1981; → Kap. 3.3), der darlegt, dass die menschliche Entwicklung über die Lebensspanne und im Austausch mit zunehmend komplexeren, reziproken Kontexten stattfindet. Feinstein, Duckworth und Sabates (2008) stellen in ihrem erwachsenenpädagogisch rezipierten Modell den *elterlichen Bildungshintergrund* als übergeordneten Einflussbereich dar, da es empirisch belegt ist, dass dieser sowohl auf die reale Lebenslage als auch auf die Bildungsoptionen, die einem Kind im familialen Sozialisationsumfeld tatsächlich zur Verfügung stehen, einen prägenden Einfluss ausübt.

Die Wahrscheinlichkeit ist daher besonders groß, dass bildungsnahe Familien ihren Kindern den Zugang zu Bildungsgütern (wie Büchern, Musik und Medien) indirekt sowie gezielt vermitteln und sie auch die schulische Sozialisation ihrer Kinder aktiv begleiten. Weiterhin führt ein hohes Bildungsniveau von Familien in der Regel zu einem guten Einkommen und zu einer anregungsreichen Nachbarschaft. Freundschaften und – ohne dies zu verklären – Kontakte zu Gleichaltrigen sind häufig sozialisationsfördernd, aber sie wirken durchaus unabhängig von den Herkunftsfamilien. Da Familien nur Bildungsprozesse initiieren, die im Rahmen ihrer Möglichkeiten liegen, zeichnen sich für bildungsferne oder sozial benachteiligte Familien hingegen Einschränkungen kindlicher Sozialisation ab. Diesen Familien gelingt es deutlich seltener, anregungsreiche Bedingungen der Sozialisation für ihre Kinder zu schaffen.

Abbildung 3: Familiale Sozialisationsbedingungen (insbesondere Bildungshintergrund) und mögliche Auswirkungen auf den Schulerfolg der Kinder (Feinstein, Duckworth & Sabates, 2008, S. 26)

Im Modell (→ Abb. 3) wird erkennbar, dass Feinstein, Duckworth und Sabates (2008) die familialen Sozialisationsbedingungen drei verschiedenen Bereichen zuordnen, die je nach Ausprägung und Zusammenspiel die Sozialisation und die Bildungsprozesse eines Kindes fördernd oder hemmend beeinflussen können. Besonders relevant ist diesbezüglich die Kumulation aus negativen oder positiven Sozialisationsfaktoren, die sich innerhalb und außerhalb der Familie ergeben.

Wissenswert

Zu den *distalen Familienfaktoren* zählen die Familienform und Familiengröße, ebenso wie die Berufstätigkeit und das Einkommen sowie das Alter der Mutter bei der Geburt ihres ersten Kindes. Forschungsergebnisse verweisen auf die Tatsache, dass für Kinder von sehr jungen Müttern die Wahrscheinlichkeit größer ist, dass sie unter erschwerten Sozialisationsbedingungen aufwachsen.

Unter den *Merkmalen der Familie* werden elterliche Kognitionen (wie Einstellungen, Werte und Erwartungen) sowie die Gesundheit, das Wohlbefinden und die materiellen Ressourcen der Eltern verstanden. Auch diese Sozialisationsfaktoren wirken sich kumulativ auf den häuslichen Anregungsgehalt der Kinder aus – in negativer oder positiver Weise – und beeinflussen wiederum die Sozialisations- und Lebenschancen.

Die *proximalen Familienprozesse*, die sich unmittelbar auf die alltägliche familiale Sozialisation auswirken, umfassen den Erziehungsstil, die Bildung, den Sprachgebrauch, die Freizeitaktivitäten und die Ernährung. Auch das Vorlesen und die Spielsachen prägen die kindliche Sozialisation nachhaltig.

Neben der Familie erweisen sich auch die Nachbarschaft, Gleichaltrige, vorschulische Einrichtungen sowie die Schule als relevante *Sozialisationskontexte* von Kindern und Jugendlichen. Die prägenden Einflüsse der Familien bleiben allerdings in der Sozialisationsgeschichte und Lebensbiografie von Heranwachsenden bis in das hohe Erwachsenenalter bestehen – jedoch nicht deterministisch, sondern eher als Mitgift und Herausforderung. Dass der familiale Hintergrund und die Unterstützung der Eltern bei der Entwicklung der Kinder zentral sind, ist weltweit unumstritten, insbesondere die Rolle der Mutter, die Gesundheit und die Schulbildung der Eltern, die Anzahl der Geschwister und die Lebensumstände innerhalb der Familie sind hierbei von Bedeutung (UNESCO, 2004). Eltern mit einem geringen Einkommen haben nur in kleineren Familien die Chance, die Grundbedürfnisse der Kinder zu erfüllen. Voraussetzung hierfür ist aus internationaler Sicht, dass die Eltern Arbeit haben (Tippelt, Alkoyak-Yildiz & Buschle, 2013).

Eine besondere Bedeutung wird in Deutschland und auch international der frühkindlichen Entwicklung zugesprochen.

> „There is a real need, therefore, to develop adequate in-service training programs to help turn the large community-led human resource base working in early childcare and education into a well-qualified, knowledgeable cadre of […] providers who can meet the goals set by educational policy-makers and stakeholders" (UNESCO, 2004, S. 11).

Familienentwicklungsprogramme, Schulung von Mitarbeitenden sowie entsprechende Curricula und damit die Verbesserung der Sozialisationsbedingungen der Kinder von Beginn an sind vor allem vor dem Hintergrund wichtig, dass Kinder in zahlreichen Ländern von den Eltern noch als passive Lernende gesehen werden, die unter autoritärer elterlicher Kontrolle stehen müssen (UNESCO, 2004). Die Programme helfen den Eltern, die eigene Rolle bei der Förderung ihrer Kinder zu verdeutlichen und gleichzeitig die Notwendigkeit von Sozialisation und Bildung sowie von aktivem Lernen und Explorieren verstehen zu können.

5.3 Sozialisation in Kindertagesstätten und Grundschulen

Betrachtet man die *frühkindliche Sozialisation* nicht nur in Deutschland, sondern auch in den Entwicklungsländern – speziell die Förderung und Betreuung im vorschulischen Bereich –, so wird die Zahl der Kinder unter fünf Jahren, die nicht in Kindertagesstätten sozialisiert werden, auf 200 Millionen geschätzt (UNICEF, 2012). Zwar hat sich zwischen 1970 und 2004 die Bruttovorschulrate von circa 10 Prozent auf circa 32 Prozent verdreifacht, jedoch werden Kinder aus Subsahara-Afrika auch im Vergleich zu den lateinamerikanischen und südostasiatischen Staaten am seltensten in Kindertagesstätten sozialisiert, so dass sie dann häufig von Kinderarmut und Bildungsexklusion betroffen sind (UNESCO, 2006; UNICEF, 2012).

Ausgrenzung im Bildungssystem allgemein und in der frühkindlichen Sozialisationsphase im Besonderen sind die stärksten Wirkmechanismen *sozialer und wirtschaftlicher Ungleichheit.* Frühkindliche Sozialisation in Kindertagesstätten ist notwendig, um die Startchancen für die Schullaufbahn zu verbessern und die aktuell sehr hohen schulischen Drop-out-Raten zu verringern. Vor diesem Hintergrund fordert der Weltbildungsbericht der UNESCO aus dem Jahr 2010, einen stärkeren Fokus auf bildungsferne Gruppen zu legen, da frühkindliche Sozialisation und Bildung soziale Ungleichheiten abschwächen kann (UNESCO, 2010).

In insgesamt 80 Entwicklungs- und Schwellenländern gehen Kinder weniger als vier Jahre zur Schule, und deren frühe Exklusion aus dem frühkindlichen und grundschulischen Sozialisationsbereich führt dann mit hoher Wahrscheinlichkeit zu großen Problemen bei den grundlegenden Schreib-, Lese- und Rechenkompetenzen. Extreme Bildungsarmut unterschreitet diese Grenze mit weniger als zwei Jahren schulischer Sozialisation deutlich. Jene Gruppe ist aufgrund dieses Sozialisationsdefizits besonders gefährdet, keinen wirtschaftlichen Anschluss zu finden. Zudem sind die Gesundheitsrisiken sehr hoch. Die größte Bildungsarmut hat jene Gruppe, die weniger als ein Jahr Schulbildung aufweist – das waren bis vor kurzem 20 Prozent der 17- bis 22-Jährigen (UNESCO, 2010).

Es sind fehlende politische und wirtschaftliche Rahmenbedingungen der jeweiligen Länder (auf die an dieser Stelle nicht weiter eingegangen werden kann), aber auch regionale Faktoren, wie das Stadt-Land-Gefälle oder ethnische Konfliktzonen, die sich negativ auf die Sozialisationsbedingungen von Heranwachsenden auswirken.

Der *regionale Faktor* ist in internationaler Perspektive gravierend: Der Anteil der Kinder in frühkindlichen Sozialisations- und Bildungsprogrammen aus den Städten ist je nach Region circa 10 bis 30 Prozent höher als der Anteil der Kinder aus ländlichen Gegenden. Die schlechte Infrastruktur behindert eine aktive Partizipation in frühkindlichen Bildungsinstitutionen, so dass aus internationaler Perspektive die Sozialisations- und Lernumgebung eingeschränkt bleibt. Der Lebensort und die Stadt-Land-Differenz beeinträchtigen – und dies ist erstaunlich – meist sehr viel stärker als das Geschlecht die Chancen frühkindlicher Sozialisation (UNESCO, 2006). Es muss allerdings darauf hingewiesen werden, dass die Situation vieler Kinder aus Städten ebenso von Kinderarbeit, Verelendung (z. B. in Slums) und Kriminalität gekennzeichnet ist, was eine gelingende und fördernde Sozialisation wiederum stark beeinträchtigt (UNICEF, 2012). Der gesundheitliche Zustand und der Bildungsgrad der Mutter bzw. der Familie beeinflussen die Teilnahme an frühkindlicher Förderung und damit an einer fördernden Sozialisation erheblich. Je gebildeter die Mutter, umso höher die Wahrscheinlichkeit für die Kinder, an fördernden Sozialisationsprogrammen in Kindertagesstätten und Grundschulen teilzunehmen.

frühkindliche Sozialisation aus internationaler Perspektive

Exklusion aufgrund der *ethnischen Herkunft* ist ein weiterer Faktor, der die Sozialisation vieler Kinder belastet. Hier könnten wir in Deutschland von alarmierenden internationalen Erfahrungen lernen. Gehören die Kinder einer Minorität an und zählen sie laut der dominierenden Gesellschaftsgruppen zu einer niederen Kaste oder einem stigmatisierten Milieu, so ist dies ein zusätzlicher Risikofaktor der kindlichen Sozialisation. Sprechen Familien intern und im sozialen Umfeld hauptsächlich eine andere Sprache als die Mehrheit der Bevölkerung, so entstehen dadurch Kommunikations- und Verständnisschwierigkeiten – nicht nur in der Schule (UNESCO, 2010).

Armut ist der am stärksten negativ wirkende Faktor. Rund 1,4 Milliarden Menschen sind gezwungen, ihre Familien mit weniger als insgesamt 1,25 US-Dollar pro Tag zu versorgen. Unter diesen Umständen fällt die Investition in frühkindliche Bildung weit hinter die grundlegenden Bedürfnisse (wie Ernährung und Gesundheitsversorgung) zurück, und die kindliche Sozialisation ist gefährdet (UNESCO, 2010). In den meisten Ländern sind die Chancen, an frühkindlicher Bildung teilzunehmen und dadurch die Chance auf eine gelingende Sozialisation zu erhöhen, für ein Kind aus den oberen Schichten und Milieus gegenüber Kindern aus den ärmsten Milieus um ein Vielfaches höher.

In diesem kurzen internationalen Exkurs sei noch darauf hingewiesen, dass in fast allen Entwicklungsländern Kinder und Jugendliche mit bis zu 70 Prozent die absolute Mehrheit der Bevölkerung darstellen (BMZ, 2014). Auch deshalb sind Investitionen in die frühe Sozialisation und die Förderung unterprivilegierter und marginalisierter Kleinkinder eine dringliche Aufgabe der Gesellschaft, der Wirtschaft und der Politik.

5.4 Sozialisation Erwachsener in der Familie

Die *Familie als primäre Sozialisationsinstanz* wird vor allem als erster und wichtigster kindlicher Erfahrungsraum verstanden. In zahlreichen Studien wird auf vielfältige Art nach den Einflüssen des elterlichen Verhaltens, aber auch der Geschwisterbeziehungen oder der Großeltern auf das Heranwachsen von Kindern gefragt. Dabei gerät schnell aus dem Blick, dass die Familie als Sozialisationskontext auch dann bedeutsam bleibt, wenn andere Erfahrungsräume (z. B. Schule, Peergroup, Medien, Beruf) im Lebensverlauf sukzessive an Bedeutung gewinnen.

Merksatz

Familiale Sozialisation wird im Erwachsenenalter immer dann sichtbar, wenn sich Situationen der Familie verändern oder konkurrierende Lebensbereiche *neue Aushandlungs- und Verständigungsprozesse* hinsichtlich der Ausgestaltung von Familie bzw. Zusammenleben in der Familie erfordern.

Die Geburt eines Kindes, die Veränderung der beruflichen Situation eines Elternteils, der Auszug eines Kindes oder die Pflegebedürftigkeit eines Familienmitglieds sind Beispiele für familiale Ereignisse, die die Fortführung eingespielter Modi des Zusammenlebens verändern, erschweren oder unmöglich gestalten können. Im Zuge solcher Veränderungen werden etablierte und oft unreflektierte, selbstverständliche Muster familialen Miteinanders neu verhandelt oder zumindest thematisiert und reflektiert. Sozialisationsprozesse beginnen oder enden zwar nicht bei solchen Übergangsereignissen, werden dort aber in besonderer Weise sichtbar. Gleichzeitig gibt es empirische Hinweise darauf, dass in diesen Umbrüchen und Veränderungen familiale Sozialisationsprozesse in besonderer Weise wirksam werden, da sie mit neuen Erfahrungsmöglichkeiten und neuen Herausforderungen verbunden sind.

Aus der Übergangsforschung liegen eine Reihe von Studien vor, die auf entsprechende Sozialisationsprozesse in der Familie verweisen, wenngleich diese nicht immer unter dem Label „Sozialisation" verhandelt werden. So wird beispielsweise mit dem Übergang in die Elternschaft die (Neu-)Aushandlung familialer Rollen und Rollenteilung verbunden, aber auch im Sinne eines *doing family* (Jurczyk, Lange & Thiessen, 2014) die oft nicht hinterfragten Muster von familialem Zusammenleben, Kindespflege und -erziehung aus der Herkunftsfamilie mit jenen der Partnerin bzw. des Partners abgeglichen und neu ausgerichtet. Sozialisation als aktive Auseinandersetzung des Individuums mit seiner Umwelt (Hurrelmann, 2012) wird in solchen Übergängen in besonderer Weise angestoßen, da sich Umweltbedingungen verändern bzw. gezielt von den Akteurinnen und Akteuren verändert werden. Betroffen sind davon nicht nur innerfamiliale Konstellationen und Prozesse, sondern auch die Familie als Lebensbereich in Abgrenzung zu konkurrierenden Bereichen (z. B. Arbeit und Beruf, Bildungssystem, Hobbies und Freizeit). Gerade im Erwachsenenalter scheint das Zusammenspiel von verschiedenen Lebensbereichen immer wieder aufs

Neue aushandlungsbedürftig zu sein, wobei gerade die Vereinbarkeit von Familie und Beruf in den vergangenen Jahren stark ins Zentrum öffentlicher Aufmerksamkeit gerückt ist.

5.5 Informelles und intergenerationelles Lernen in der Familie

Ebenso wie Sozialisationsprozesse scheint auch die *Familie als informeller Lernort* gerade im Kindesalter von besonderer Bedeutung zu sein – werden hier doch die wesentlichen Grundlagen für die soziale, kognitive und emotionale Entwicklung gelegt. So bleibt auch im Erwachsenenalter die Familie für viele ein wichtiger Ort des Lernens und der Kompetenzentwicklung. Die Auseinandersetzung mit den mit Kinderpflege und Kindererziehung verbundenen Herausforderungen wird nicht nur von vielen Frauen rückblickend als Phase des besonders intensiven und auch bewussten Lernens beschrieben. Dagegen werden die über eine jüngere Generation eröffneten Einblicke in bislang fremde subkulturelle Szenen und neue Technologien oft gar nicht als bewusste Aneignungsprozesse wahrgenommen und erst in der späteren Reflexion als solche sichtbar. Insgesamt bleibt informelles Lernen in der Familie meist beiläufig und wird den Akteurinnen und Akteuren oft nicht als Lernerfahrung bewusst.

Studie

In einer qualitativen Interview-Studie zum Thema Medienkompetenz wurden nicht nur ältere Erwachsene nach ihren Wegen der Aneignung digitaler Kompetenzen befragt, sondern zum Teil auch die genannten Familienmitglieder, die diese Lernprozesse als Ansprechpartner unterstützten (Thalhammer, 2017; Thalhammer & Schmidt-Hertha, 2015). In der inhaltsanalytischen Auswertung der teilweise mehrstündigen Interviews zeigte sich, dass gezieltes intergenerationelles Lernen in der Familie durchaus voraussetzungsvoll ist.

Allerdings lassen sich auch innerhalb der Familie gezielt Lernprozesse initiieren, deren Erfolg von verschiedenen Bedingungen abhängt. Eine gezielte Wissensvermittlung von jüngeren an ältere Familienmitglieder kann mit individuellen Rollenmustern konfligieren, da ältere Familienmitglieder aufgrund ihrer Lebenserfahrung in vielen Situationen als Lehrende gegenüber jüngeren Familienmitgliedern agieren und sich diese Konstellation nun umkehrt. Die Beteiligten müssen also die Bereitschaft mitbringen, sich auf eine ungewohnte Rollenverteilung einzulassen. Die Anerkennung von Wissen im jeweiligen Lernfeld spielt für beide Seiten eine wesentliche Rolle, das heißt, die lernenden Familienmitglieder müssen von der Kompetenz der Lehrenden überzeugt sein und sich die lehrenden Familienmitglieder gleichzeitig ihres eigenen Wissens bewusst sein. Gleiches gilt auch für die Vermittlungskompetenz, die von den Beteiligten in Form von Fremd- bzw. Selbstzuschreibungen zumindest zu einem gewissen Grad anerkannt werden muss. Insbesondere, wenn die lernenden Familienmitglieder Zweifel an der Sach- oder Vermittlungskompetenz anderer Familienmitglieder haben, nutzen sie eher andere Wege der Wissensaneignung (z. B. über Weiterbildungsträger). Darüber hinaus spielt die Verfügbarkeit von Familienmitgliedern eine wesentliche Rolle, das heißt, ob die Beteiligten über zeitliche Ressourcen für die Vermittlung bzw. Aneignung von Wissen verfügen.

Die Erträge solcher Lernprozesse lassen sich kaum quantifizieren, da – wie bereits beschrieben – die meisten informellen Lernprozesse nicht bewusst wahrgenommen werden. Erträge informellen Lernens in der Familie zeigen sich aber auch jenseits des reinen Wissenserwerbs, beispielsweise im Hinblick auf die Beziehungen zwischen Familienmitgliedern. Gegenseitige Anerkennung und Wertschätzung sind nicht nur Voraussetzungen für die gezielte Wissensvermittlung in der Familie, sondern können durch informelles Lernen auch weiter gestärkt werden. Informelle Lernprozesse sind überdies wichtig, um geteiltes Wissen und damit eine Kommunikationsgrundlage für die Familienmitglieder zu schaffen; sie dienen aber auch als Basis für die intergenerationelle Verständigung und den Abgleich eventuell unterschiedlicher Interessen im Familienkreis. Die Familie kann entsprechend als Keimzelle von Generationenverhältnissen gesehen werden, die sich dann auch auf gesellschaftlicher Ebenen widerspiegeln (Ecarius, 2001).

5.6 Zusammenfassung

Die Familie bleibt über die gesamte Lebensspanne hinweg ein wesentliches Lernfeld und eine zentrale Sozialisationsinstanz, wenngleich ihre Bedeutung gerade in der Kindheit besonders zentral ist. Bildungsinstitutionen (wie Kindertagesstätten oder Schulen) stehen vor der Herausforderung, an die in der Familie unterschiedlich vermittelten Lern- und Bildungsgewohnheiten anzuknüpfen und diese sinnvoll zu ergänzen bzw. weiterzuentwickeln. Dabei gilt es, auch unterschiedliche familiale Sozialisationsmilieus zu berücksichtigen und Benachteiligungen gezielt abzubauen – zumal diese bis in das Erwachsenenalter hinein wirksam werden. Erwachsenenbildnerinnen und -bildner müssen sich daher auch auf unterschiedlich habitualisierte Einstellungen und Umgangsweisen im Kontext von Lern- und Bildungsprozessen einstellen und sich deren biografischer Verankerung bewusst sein.

Fragen & Aufgaben

1. Erläutern Sie die Möglichkeiten von Familienentwicklungsprogrammen und stellen Sie knapp an einem Beispiel dar, wie sich die soziale Herkunft auf die Bildungs- und Lebenschancen von Lernenden auswirkt.
2. Warum haben Kinder aus bildungsnahen Milieus bessere Chancen in der Schule?
3. Welche weiteren familialen Faktoren beeinflussen die Bildungschancen von Kindern?
4. Wie und was lernen Erwachsene informell in der Familie?

Tipps zum Weiterlesen

Ecarius, J. (2001). Familie zwischen Tradierung und Wandel. Generationsbeziehungen und familiale Aufträge in drei Generationen. In J. Allmendinger (Hrsg.), *Gute Gesellschaft? Verhandlungen des 30. Kongresses der Deutschen Gesellschaft für Soziologie* (S. 558–572). Opladen: Leske + Budrich.
Jutta Ecarius liefert hier einen komprimierten und sehr fundierten Überblick über den Forschungsstand und eigene Arbeiten zum Miteinander verschiedener Generationen in der Familie.

Feinstein, L., Duckworth, K. & Sabates, R. (2008). *Education and the family. Passing success across the generations*. London: (GB) Routledge.
Mittels erster Längsschnittstudien zur Sozialisation arbeiten die Autoren, zusammen mit John Bynner und Tom Schuller, die starke Wirkung von Bildung, Weiterbildung und Lernen in den verschiedenen Altersstufen auf das Wohlbefinden, die soziale und politische Partizipation und das Gesundheitsverhalten heraus.

Hof, C. (2009). *Lebenslanges Lernen*. Stuttgart: Kohlhammer.
Das Standardwerk von Christiane Hof eröffnet einen weiten und dennoch sehr klaren Blick auf wissenschaftliche Diskurse zum lebenslangen Lernen, wobei die Autorin insbesondere die Bedeutung biografischer und sozialer Rahmungen sowie die Relevanz von Übergängen im Lebensverlauf betont.

6

Sekundäre Sozialisation und informelles Lernen in Bildungseinrichtungen

Absolventinnen und Absolventen höherer Schulen und Hochschulen bzw. Bildungsgänge haben auf dem Arbeitsmarkt nicht nur aufgrund ihres fachlichen Wissens durchschnittlich bessere Perspektiven, sondern auch, weil man ihnen mehr sogenannte Schlüsselkompetenzen zuschreibt. Arbeitgeberinnen und Arbeitgeber gehen davon aus, dass sie nicht nur über die Fähigkeit zur schnellen Einarbeitung in neue Themenfelder verfügen und hierzu motiviert sind, sondern auch komplexe Problemstellungen analysieren und auf dieser Basis zielführende Handlungsstrategien entwerfen können. In diesem Kapitel wird der Frage nachgegangen, wie diese Fähigkeiten in Sozialisations- und informellen Lernprozessen im schulischen und hochschulischen System vermittelt werden.

Lernziele

- Schule und Hochschule auch als Sozialisationsinstanzen und informelle Lernorte verstehen lernen
- die Dimensionen des Sozialen Wandels auf Schule und Hochschule beziehen können
- die Expansion von Schule und Hochschule auf die Veränderungen der Sozialisation im frühen Erwachsenenalter beziehen und das entstehende „psychosoziale Moratorium" erläutern können
- soziale Herkunft sowie Bildungs- und Studienerfolg aufeinander beziehen können

Christine ist 16 Jahre alt und strebt als Realschülerin noch in diesem Schuljahr die Mittlere Reife an. Sie ist eine gute Schülerin und überlegt mit ihren Eltern und Freundinnen, ob sie anschließend eine berufliche Ausbildung als Einzelhandelskauffrau aufnimmt oder ob sie doch noch über die Fachoberschule, eine Übergangsklasse oder ein spezielles Kolleg den Weg auf eine Hochschule vorbereiten soll. Christine wäre dann die erste in ihrer Familie, die eine akademische Ausbildung und einen Hochschulabschluss anstrebt, denn ihr Vater ist Schreinermeister und ihre Mutter Krankenschwester. Ihr älterer Bruder hat gerade eine duale Berufsausbildung erfolgreich abgeschlossen. Christine ist sich nicht sicher, ob sich der Weg über die Hochschule für sie lohnt oder ob andere und bessere Berufs- und Lebenschancen bestehen.

6.1 Sozialisation in der Schule

Schulische Sozialisation ist keineswegs auf die Leistung in bestimmten Domänen zu reduzieren. Dennoch ist es interessant, dass in den Ergebnissen der PISA Studien seit Jahren zum Ausdruck kommt, dass es einen engen Zusammenhang zwischen dem erreichten Kompetenzniveau beispielsweise im Bereich Lesen und Rechnen und der sozialen Herkunft gibt.

Studie

In den Lernfortschritten von Jugendlichen aus Familien mit hohem Sozialstatus und solchen, deren Eltern un- oder angelernte Arbeitnehmerinnen und Arbeitnehmer sind, besteht ein Unterschied von mehr als einem Schuljahr (OECD, 2010, 2019). Jugendliche, die wie ihre Eltern im Ausland geboren sind, erreichen im Bereich der Lesekompetenz durchschnittlich schlechtere Leistungen als diejenigen ohne Migrationshintergrund. In Deutschland konnten seit dem Jahr 2000 die Differenzen zwischen Jugendlichen mit und ohne Migrationshintergrund zwar reduziert werden, im Durchschnitt bleibt bei den Lernfortschritten jedoch ebenfalls eine Differenz von etwa einem Schuljahr bestehen. Interessant ist, dass in allen teilnehmenden Staaten der PISA-Studie Mädchen im Bereich der Lesekompetenz durchschnittlich bessere Leistungen aufweisen als Jungen. Im Gegensatz dazu schneiden die Jungen in Mathematik besser ab als die Mädchen. Kaum geschlechtsspezifische Unterschiede gibt es hingegen im Bereich der naturwissenschaftlichen Kompetenzen (OECD, 2010). In Deutschland liegen die Leistungsunterschiede zwischen Mädchen und Jungen bei 40 PISA-Punkten und damit ziemlich genau im Durchschnitt der OECD-Staaten (OECD, 2010, 2019).

Diese Ergebnisse der Bildungsforschung sind nicht allein auf die bildungspolitischen Interventionen in das Schulsystem zurückzuführen. Zwar ist es zutreffend, dass erfolgreiche Jugendliche vor allem aus OECD-Staaten kommen, die im Bildungswesen mit output-orientierten Qualitätssystemen arbeiten. Aber neben den Lernprozessen (vor allem Lehr-Lern-Methoden) und dieser Output-Orientierung sind es auch die äußerst differenten Sozialisationsbedingungen in den Herkunftsfamilien der Jugendlichen, die solche Unterschiede erklären. *Soziale Ungleichheit* als ein dominierender Sozialisationsfaktor prägt also auch die Bildungsergebnisse und Bildungskarrieren (Allmendinger, Nikolai & Ebner, 2018).

Die Schwächen des schulischen Bildungssystems in Deutschland – insbesondere die markanten Leistungsunterschiede zwischen einzelnen Regionen sowie Schülerinnen und Schülern unterschiedlicher sozialer und kultureller Herkunft – sind also nur bedingt durch die bildungspolitische Einforderung und Realisierung von Bildungsstandards zu kurieren.

Merksatz

Leistungsunterschiede sind durch die gravierend diversen Sozialisationsbedingungen in den Herkunftsmilieus bedingt.

Selbstverständlich geht schulische (und auch hochschulische Sozialisation) weit über den leistungsbezogenen Kompetenzerwerb hinaus. In der folgenden Abbildung 4 sind fünf Dimensionen der Sozialisation und des Lernens im Lebenslauf aufgezeigt:

- *Berufliche Qualifikation:* Berufliche Qualifizierung und Kompetenzentwicklung ist im ökonomischen System nachzuweisen und kann unter anderem durch direkte Praxiskontakte und durch Formen der Problemlösung in pädagogischen Kontexten vorbereitet werden. Kompetenzen in den grundlegenden Bereichen Lesen, Schreiben, Rechnen, aber auch in allgemeinbildenden Fächern, wie Geschichte, Naturwissenschaften oder Fremdsprachen, sind essentiell wichtig, um sich im Beruf weiter zu sozialisieren.
- *Politische Partizipation:* Jugendliche werden in der Schule – manchmal weniger als notwendig – auch auf die politische Partizipation vorbereitet (Hafeneger, 2005). Es geht darum, demokratische und bürgerschaftliche Verantwortung zu übernehmen, das bürgerschaftliche Engagement bereits in der Schule anzuregen und generell die Partizipation in Organisationen zu fördern.
- *Soziale Integration:* Bei der sozial-integrativen Dimension geht es in der Schule darum, unterschiedliche soziale Gruppen, Schichten und Milieus zu integrieren und die Heranwachsenden darin zu unterstützen, die moderne Diversität zu respektieren. Der sozialisationstheoretische Fokus liegt darauf, durch Empathie und Perspektivenübernahme die Lebenswelt der Anderen – auch jener sozialen Milieus, denen man selbst nicht angehört – besser zu verstehen. In der Schule wird im idealen Fall die Basis für die notwendige soziale Kohäsion und organische Solidarität in der Gesellschaft gelegt.
- *Ethisch-religiöse Orientierung*: Bei dieser Dimension geht es um die Festigung ethischer und religiöser Überzeugungen, wobei die Verpflichtung zu Toleranz und Pluralität hierbei ein wichtiges Gütekriterium ist.

- *Kulturelle Identitätsfindung:* In gleicher Weise wichtig ist die Vorbereitung auf die kulturelle Partizipation, die Auseinandersetzung mit Werten, die glaubwürdige Vermittlung von Weltoffenheit sowie von interkultureller Kompetenz durch Allgemeinbildung. Schulische Sozialisation kann die Grundlage für die Fähigkeit zur kritischen und selbstbestimmten Auseinandersetzung mit Normen und Werten in einer pluralen demokratischen Gesellschaft sein.

	Sozialer Wandel, Trends und Zukunftsperspektiven			
Dimensionen	**strukturelle Komponenten**			
	Ökonomie	**Politik/ Öffentlichkeit**	**gesellschaftliches Gemeinwesen**	**Kultur**
berufliche Qualifikation	ökonomisch-technologische Innovation			
politische Partizipation		Partizipation in Organisationen		
soziale Integration			Individualisierung und „organische Solidarität"	
ethisch-religiöse Orientierung				kulturelle Fähigkeiten und Wertevermittlung
kulturelle Identitätsfindung	Kompetenzen, Problemlösung, Wissensmanagement	Verantwortung, demokratisches und bürgerschaftliches Engagement	Individualität, Pluralität, Empathie, Lebenswelten, Chancengleichheit	Weltoffenheit, Allgemeinbildung, internationale Kooperation, interkulturelle Kompetenzen

Abbildung 4: Fünf Dimensionen der Sozialisation und des informellen Lernens im Lebenslauf (Fend, 2007; Tippelt, 1990)

6.2 Sozialisation in der Hochschule

Die wichtigste Aufgabe der *Hochschulforschung* besteht darin, Theorien und Methoden sowie Grundlagenforschung zu beherrschen und voranzutreiben, zugleich systematisches Wissen so zu entwickeln und aufzubereiten, dass es für praktisches Gestaltungshandeln relevant und anwendbar ist (Teichler & Tippelt, 2005). Die Sichtung der wichtigsten Forschungsthemen der Hochschulforschung verdeutlicht, dass sie stark durch gesellschaftliche Entwicklungen und öffentliche Interessen geprägt ist. Der Bedarf an einer Systematisierung des Wissenstands zur Lage der Hochschulen und deren Entwicklungen in Deutschland – ebenso in zahlreichen anderen europäischen Staaten – entstand im Zusammenhang mit der Hochschulexpansion in den 1960er Jahren. Ausgelöst durch studentische Proteste und Diskussionen über die „Deutsche Bildungskatastrophe" wurde Fragen zur sozialisationsbedingten Chancengerechtigkeit bereits damals eine große Bedeutung zugesprochen.

Wissenswert

Die Sozialisation durch eine verlängerte akademische Ausbildung bewirkt eine Extension eines *psychosozialen Moratoriums* (Erikson, 1973, 1988), weil die moralische und politische Sozialisation reflexiver werden. Der frühe Anpassungsdruck des Beschäftigungssystems verschiebt sich in ein späteres Lebensalter, und die Sozialisation der jungen Erwachsenen verstärkt postmaterialistische Trends (auch Inglehart, 1977).

Neben den seit den 1970er Jahren verstärkt beforschten Bereichen Lehren und Lernen sowie Verhältnis von Hochschule und Beruf standen daher Fragen der *akademischen Sozialisation* im Zentrum der Hochschulforschung – Themenfelder, die bis heute nicht an Aktualität verloren haben. In den 1980er Jahren richtete sich der Fokus der Hochschulforschung auf Fragen der Qualitätssicherung des Hochschulsystems. Dies wiederum löste einen Bedarf an systematischer Information beispielsweise bezüglich Lernerfolgen, Studienverläufen, beruflichen Wegen von Absolvierenden sowie Drop-outs aus (Heublein & Wolter, 2011), wobei sich in diesem Kontext immer auch Erkenntnisse über die frühe Erwachsenensozialisation weiterentwickelten. Seit den 1990er Jahren ist das Hochschulwesen geprägt von Prozessen der Internationalisierung und Europäisierung, die dazu führten, dass Hochschulen immer mehr über nationale Grenzen hinweg agieren. Dies generiert soziale und kulturelle Mobilität in Kontexten der wissenschaftlichen Kooperation. Heute stehen Prozesse im Zentrum, die durch die „Bologna-Erklärung“ vom 19. Juni 1999 initiert wurden. Dadurch entwickelte sich nicht nur – wie intendiert – ein europäischer Hochschulraum, sondern auch zunehmend international geprägte Lebensziele und Arbeitsstile der wachsenden akademisch ausgebildeten Generation.

Heute kann die Hochschulforschung in verschiedene Wissenssphären gegliedert werden, wobei nur einige der Sozialisationsthematik zuzurechnen sind (Teichler, 2009, S. 421):

- *Quantitativ-strukturelle Bereiche*
  z. B. Zugang und Zulassung zum Studium, quantitative Entwicklung des Hochschulwesens, Hochschularten und Studiengänge, Studienwege und -abschlüsse, Beziehungen von Hochschule und Beruf, internationale Mobilität
- *Wissenssystem- und fachbezogene Bereiche*
  z. B. institutionelle Positionierung der Forschung, Verhältnis von Forschung und Lehre, disziplinäre und interdisziplinäre Orientierung, wissenschaftliche und berufliche Akzentuierung von Lehre und Studium, Wissensmanagement, Curriculumsentwicklung, berufliche Umsetzung der erworbenen Qualifikationen und Kompetenzen
- *Personen- sowie lehr- und lernbezogene Bereiche*
  z. B. Einstellungen und Verhaltensweisen von Hochschulangehörigen (Lernende und Lehrende), fachliche und psychologische Beratung, Beziehung zwischen Lehrenden und Lernenden, Lehr-, Lern- und Prüfungsformen, Situation und Selbstverständnis des Berufs der Hochschullehrenden

- *Bereich der Hochschulorganisation und -steuerung*
  z. B. Beziehung von Hochschule, Staat und Gesellschaft, Hochschulplanung, -administration, -finanzierung und -politik, Entscheidungsprozesse, Management, Ressourcenbeschaffung und -verwendung

Vor allem der personenbezogene dritte Bereich ist sozialisationsrelevant. Vor dem Hintergrund, dass Deutschland zu den Ländern gehört, die im internationalen Vergleich mit anderen wirtschaftlich fortgeschrittenen Ländern niedrigere Quoten von Studienanfängerinnen und Studienanfängern sowie von Hochschulabsolventinnen und -absolventen aufweist (OECD, 2010, 2019), wurde die Erhöhung der Anfängerzahlen seit einigen Jahren eine erklärte hochschulpolitische Zielsetzung. Diese bildungspolitischen Ziele treffen auf den sozialisationsrelevanten Trend, dass seit Jahren ein immer größeres Interesse an einem tertiären Abschluss besteht. Wurde von der Autorengruppe Bildungsberichterstattung im Jahr 2010 noch die Frage gestellt, ob die hohe Quote von Studienanfängerinnen und -anfängern tatsächlich von Dauer ist oder ob es sich um ein temporäres Phänomen handelt, ist aus heutiger Sicht davon auszugehen, dass sich die Hochschulsozialisation für die künftigen Kohorten sogar noch verstärkt. Analysen im Rahmen der Hochschulforschung können über Aussagen zur *Studienbeteiligung* hinaus aufzeigen, welche sozialen Merkmale die Studienanfängerinnen und -anfänger aufweisen.

sozialisationsrelevante Aspekte der Hochschulforschung

Am stabilsten ist die Erkenntnis, dass die Wahrscheinlichkeit, ein Hochschulstudium aufzunehmen, vom Bildungsniveau des Elternhauses abhängt, denn „Kinder aus Familien, in denen ein Elternteil verbeamtet, selbständig oder angestellt ist und selbst schon über einen Hochschulabschluss verfügt, beteiligen sich weit häufiger an Hochschulbildung als andere Gruppen“ (Autorengruppe Bildungsberichterstattung, 2010, S. 124). Die Beteiligung der Bevölkerung mit Migrationshintergrund an der Hochschulbildung ist prozentual hochgerechnet deutlich geringer, so dass sich die Voraussetzungen der Sozialisation im jungen Erwachsenenalter auch unter diesem Aspekt verschieben.

Bis heute ist es aber auch ein großes Problem, dass ungefähr ein Viertel aller Studierenden die Hochschule ohne Abschluss verlassen. Die Gründe dafür sind sehr unterschiedlich, aber als besonders relevant erweisen sich Leistungsprobleme, fehlende Motivation sowie unzureichende Finanzierungsmöglichkeiten. Wiederum brechen Studierende aus finanziell schwächeren Elternhäusern häufiger ihr Studium ab. Die individuellen Konsequenzen eines *Studienabbruchs* für die weitere berufliche Motivation und das Selbstwertgefühl sind bis heute sozialisationstheoretisch nicht hinreichend detailliert untersucht und interpretiert.

Neben Erkenntnissen über die Studienbeteiligung interessiert sich die Hochschulforschung auch für den *Verbleib der Absolventinnen und Absolventen.* Dieses Interesse besteht einerseits, weil es ein wichtiges Ziel der Hochschulen ist, dem Bedarf an hochqualifizierten Arbeitskräften gerecht zu werden. Andererseits gehört es zur zentralen Aufgabe, wissenschaftlichen Nachwuchs für das Hochschul- und Wissenschaftssystem zu qualifizieren. Diesbezüglich ist in Deutschland insbesondere die Promotion von Bedeutung, da sie für den Nachweis entscheidender fachlicher Qualifikationen und hoher Leistungsmotivation steht. Während Ulrich Teichler (2009, S. 433) aufgrund der Datenlage zu der Einschätzung gelangt, „dass die soziale Herkunft in erster Linie selektiv bis zum Erreichen des Hochschulzugangs wirkt, danach aber nur begrenzt Differenzen im Studienerfolg und im weiteren Berufsweg erklärt“, kommt die Autorengruppe Bildungsberichterstattung (2010, S. 131) zu dem Schluss, dass die Herkunftsfamilie auch auf der tertiären Stufe eine Rolle spielt, da „Absolventinnen und Absolventen mit mindestens einem akademisch qualifizierten Elternteil oft bessere Studienabschlüsse erreichen und häufiger eine Promotion aufnehmen“. An der beschriebenen Situation der Hochschulsozialisation hat sich in den letzten zehn Jahren nichts Grundlegendes geändert.

Sowohl die Schule als auch die Hochschule werden häufig als an dem Habitus der Mittelschicht orientierte Institutionen beschrieben (Bourdieu, 1982), die auch deshalb Kinder und Jugendliche aus bildungsfernen Milieus strukturell benachteiligen. Allerdings kann das erfolgreiche Durchlaufen des Bildungssystems auch mit einer Adaption des *eigenen Habitus* verbunden sein. In einer Untersuchung zu sogenannten Bildungsaufsteigern konnte Aladin El-Mafaalani (2012) mittels biografischer Interviews mit Hochschulabsolventinnen und -absolventen aus bildungsfernen Herkunftsfamilien zeigen, dass sich die Integration in ein anderes Milieu und die Distanzierung vom eigenen Herkunftsmilieu in Phasen (Irritation, Distanzierung, Stabilisierung) beschreiben lässt, wobei formalen Bildungsinstitutionen unter anderem eine bedeutsame Rolle als Räume des In-Kontakt-Tretens mit anderen sozialen Milieus zukommen dürfte. In diesen Bildungseinrichtungen werden milieubezogene Differenzen erfahrbar und der Umgang mit ihnen (z. B. Rückzug oder Adaption) eingeübt. Dabei scheint gerade der in bildungsferneren Milieus verbreitete zweckorientierte Blick auf Schule und Studium weniger hilfreich für die erfolgreiche Bewältigung der Anforderungen des formalen Bildungssystems zu sein. Demgegenüber ist der Blick auf Bildung als Selbstzweck – wie er sich vor allem in bildungsnahen Milieus und auch bei Bildungsaufsteigerinnen und -aufsteigern findet – stärker mit schulischem und hochschulischem Erfolg assoziiert (ebd.).

6.3 Informelles Lernen in den formellen Kontexten Schule und Hochschule

Auch in formellen Kontexten wie der Schule oder Hochschule wird informell gelernt, wobei die Abgrenzung zu Sozialisationsprozessen hier noch schwieriger erscheint als in anderen Kontexten. Diese informellen Lernprozesse finden in unterschiedlichen Interaktionskontexten statt, beispielsweise im Austausch von Lernenden untereinander, von Lehrenden untereinander sowie zwischen Lehrenden und Lernenden, aber auch in der individuellen Bewältigung und Reflexion von Anforderungen und Erfahrungen im formellen Bildungsgeschehen.

Auf Seiten der Lehrenden kann das überwiegend als *berufliches Erfahrungslernen* verbucht werden, worauf wir an anderer Stelle detaillierter eingehen (→ Kap. 7). Hier wird aber darauf verwiesen, dass nicht nur im Hochschulbereich, wo die erforderliche hochschuldidaktische Kompetenz immer noch überwiegend durch Erfahrungslernen erworben wird, sondern auch im Schulbereich das informelle Lernen der Lehrerinnen und Lehrer im Schulalltag als wesentlicher Beitrag zur Professionalisierung gesehen wird (Schmidt-Hertha, 2020).

Die Lernenden lernen informell durch die *Auseinandersetzung mit dem institutionellen Umfeld* und den an sie gerichteten Erwartungen. So ist beispielsweise das Wissen über die Zuständigkeiten eines Hausmeisters oder die lokalen Möglichkeiten Kopien anzufertigen, weder Bestandteil schulischer Lehrpläne noch in universitären Modulbeschreibungen verankert. Dennoch wird dieses Wissen in Schule und Studium erworben und ist dort unter Umständen auch bedeutsam für den Schul- bzw. Studienerfolg. Auch der Umgang mit Lehrenden und anderen Lernenden sowie Strategien des „Durchmogelns" werden informell angeeignet und wurden in den 1960er und 1970er Jahren auch gerne unter dem Stichwort des „heimlichen Lehrplans" subsummiert (Zinnecker, 1975). Dabei suggeriert der Begriff, dass das so informell Gelernte zwar nicht explizit als Bildungsziel deklariert wird, aber durchaus im Sinne der für das Bildungssystem Verantwortlichen liegt. Diese Annahme kann jedoch zumindest für manche Kompetenzen (z. B. Nutzung unerlaubter Hilfsmittel) bezweifelt werden. Andere wesentliche Grundprinzipien der Leistungsgesellschaft, die informell in Schul- und Hochschulkontexten internalisiert werden, sind dagegen aus Systemperspektive hochfunktional. Mit Leistungsbereitschaft und Konkurrenzverhalten werden wesentliche Grundprinzipien kapitalistischer Gesellschaften schon in der Schule eingeübt, wobei diese Aspekte vorrangig unter dem Begriff „Sozialisation" verhandelt werden.

„heimlicher Lehrplan"

Eine besondere Bedeutung hinsichtlich Sozialisation und informellem Lernen haben Schule und Hochschule aber vor allem als Raum für die *Auseinandersetzung mit Gleichaltrigen.* Das Jahrgangsklassensystem kann als eine wesentliche Grundlage für die Genese von Peergroups und Freundschaftscliquen gesehen werden und dürfte durch neuere Entwicklungen wie die Ganztagsschule und die stärkere Strukturierung von Studiengängen nach den Bologna-Reformen den Kontakt der Lernenden untereinander weiter verdichten. Einen zentralen Raum und architektonischen Rahmen für informelles Lernen von Gleichaltrigen bieten die Pausenhöfe. Gerade das soziale Miteinander und die Kooperation mit Gleichaltrigen wird auf Schulhöfen unter anderem über die Sicherung von Revieren und die Entwicklung eigener Verhaltensgebote und -verbote eingeübt (Coelen, Gusinde, Lieske & Trautmann, 2016). Gleichzeitig stellen Schule und Hochschule formal stark geregelte Settings dar, die sich durch die dort ausgeübte soziale Kontrolle wesentlich von den außerschulischen Begegnungsräumen von Gleichaltrigen unterscheiden. Dabei wird auch in so strukturierten Kontexten viel von den Gleichaltrigen gelernt, sei es im Sinne der jeweiligen Bildungsinstitution (z. B. in Lerngruppen oder durch den beiläufigen Austausch über unterrichtsrelevante The-

Einfluss von Gleichaltrigen

men), jenseits der dort vorrangigen Themen (z. B. im Austausch über Freizeitinteressen) oder aber entgegen der Intentionen der jeweiligen Bildungseinrichtung (z. B. im Erfahrungsaustausch über Täuschungsmethoden). Während die erstgenannte Form des informellen Lernens auch institutionell gefördert wird (z. B. durch Projektunterricht oder die Anregung von Arbeitsgruppen), lässt sich die letztgenannte institutionell kaum unterbinden, auch wenn sich entsprechende Strategien (z. B. die Veränderung von Sitzordnungen im Klassenzimmer) durchaus beobachten lassen.

digitale Medien in Schule und Hochschule

Insbesondere *digitale Medien* (→ Kap. 9) erweitern die Möglichkeiten informellen Lernens in Schule und Hochschule. Zum einen werden sie von den Lernenden als selbstverständliches Kommunikationsmittel genutzt, das auch außerhalb der Schule bzw. Hochschule zum Alltag gehört. Zum anderen stellen Hochschulen und zunehmend auch Schulen digitale Angebote zur Verfügung, um informelles Lernen gezielt zu unterstützen. Während aber im schulischen Bereich noch primär die Anreicherung des Unterrichts mit digitalen Medien im Fokus steht, spielt im Hochschulbereich insbesondere der Einsatz digitaler Medien zur Unterstützung der selbständigen Studienorganisation und des selbstgesteuerten Lernens im Studium eine zentrale Rolle.

Wissenswert

Nina Kahnwald, Steffen Albrecht, Sabrina Herbst und Thomas Köhler (2016) haben eine Liste von Vorschlägen vorgelegt, auf welche Weise digitale Medien in verschiedenen Phasen des Studiums informelles Lernen unterstützen können. Dabei spielen zu Studienbeginn Instrumente zur Vernetzung mit Kommilitoninnen und Kommilitonen eine wesentliche Rolle, bevor dann Tools zur Studienorganisation und zur veranstaltungsbezogenen Kollaboration an Bedeutung gewinnen. Gegen Ende des Studiums und im Übergang in den Beruf werden soziale Netzwerke bedeutsam, um Kontakte zu potenziellen Arbeitgeberinnen und Arbeitgebern aufzubauen und zu pflegen, aber auch die Verbindung zu anderen (ehemaligen) Studierenden aufrechtzuerhalten.

Im schulischen Bereich werden digitale Medien einerseits von den Lehrenden zur Unterrichtsgestaltung eingesetzt, andererseits von den Schülerinnen und Schülern (mit oder gegen den Willen der Lehrkräfte) selbst in schulische Kontexte eingebracht. Damit tragen digitale Medien auch zur Aufweichung der Abgrenzung von Schule als isoliertes Lern- und Erfahrungsfeld von anderen Lebensbereichen bei (Aßmann, 2016). Ob Schule hier weiterhin auch als Schutzraum fungieren und Schülerinnen und Schüler aus den überwiegend außerschulischen medialen Welten herausholen soll oder aber sich als Teil eines Informationsnetzwerks versteht, das die Lernenden bei der konstruktiven Verarbeitung medial vermittelter Informationen unterstützt, wird aktuell kontrovers diskutiert. Klar scheint, dass sich die außerschulischen Erfahrungswelten von Kindern durch digitale Medien radikal verändert haben und das Schulsystem – in welcher Weise auch immer – darauf reagieren muss. Dabei geht es letztlich darum, Schülerinnen und Schüler auf das nachschulische Leben – insbesondere auch auf berufliche Anforderungen – vorzubereiten.

6.4 Zusammenfassung

In Schule und Hochschule werden zwei Prozesse miteinander verknüpft: Zum einen werden kognitive Kompetenzen vermittelt. Zum anderen werden Lernende in ein System sozialisiert, das sowohl auf individuelle Leistungen als auch auf soziale Kooperationsfähigkeiten in zeitlich befristeten Konstellationen fokussiert. Neben basalen Kulturtechniken und Fachwissen werden so auch grundlegende Vorstellungen von der Gestaltung der Interaktion und Kooperation in einer Leistungs- und Zivilgesellschaft erworben. Heranwachsende und junge Erwachsene werden nicht nur ökonomisch, sondern vor allem auch sozial, kulturell und politisch sozialisiert. Dies prägt auch im Erwachsenenalter die Überlegungen und Gestaltungsprinzipien von institutionellen Lehr-Lern-Prozessen. In der Erwachsenenbildung können uns diese Vorstellungen als Barrieren in Form abwehrender Haltungen gegenüber als Zumutung empfundener, fremder Vermittlungsmethoden begegnen oder als individuelle Ressource und Ausgangspunkt für weitere Bildungsprozesse. Gerade in der Arbeit mit kulturell heterogenen Gruppen wird dann sehr schnell spürbar, wie unterschiedlich Erwartungen und Bedürfnisse hinsichtlich institutionell ausgestalteter Lernszenarien sein können.

Fragen & Aufgaben

1. Welche fünf Dimensionen der Sozialisation und des Lernens im Lebenslauf lassen sich differenzieren?
2. Welche Aufgaben und Ziele haben ein Studium heute?
3. Warum ist die Klassengemeinschaft für die Sozialisation und das informelle Lernen wesentlich?

Tipps zum Weiterlesen

Autorengruppe Bildungsberichterstattung (2010). *Bildung in Deutschland 2010. Ein indikatorengestützter Bericht mit einer Analyse zu Perspektiven des Bildungswesens im demografischen Wandel.* Bielefeld: W. Bertelsmann.
Der seit 2006 regelmäßig erscheinende nationale Bildungsbericht liefert mit unterschiedlichen Schwerpunktsetzungen einen Überblick über die empirischen Daten zu Bildungsbeteiligung und Wirksamkeit von Bildungsmaßnahmen in unterschiedlichen Institutionen und Lebensphasen.

Tippelt, R. (1990). *Bildung und sozialer Wandel.* Weinheim: Beltz.
In seiner nach wie vor aktuellen Habilitationsschrift skizziert Rudolf Tippelt die Möglichkeiten und Grenzen sozialer Veränderungen mithilfe des Bildungssystems. Dabei wird auch der starke Beitrag des Bildungssystems zur Reproduktion gesellschaftlicher Strukturen deutlich.

Zinnecker, J. (1975). *Der heimliche Lehrplan. Untersuchungen zum Schulunterricht.* Weinheim: Beltz.
Mit seiner Auseinandersetzung mit dem „heimlichen Lehrplan" hat Jürgen Zinnecker in den 1970er Jahren eine wissenschaftliche und bildungspolitische Debatte angestoßen, die bis heute nicht an Brisanz verloren hat. Er arbeitet präzise heraus, welche gewollten und ungewollten Sozialisationseffekte die Institution Schule jenseits der Vermittlung von curricular vorgegeben Inhalten erzielt.

7 Tertiäre Sozialisation und informelles Lernen im Beruf

Sozialisation und informelles Lernen enden nicht mit Erwerb eines Schulabschlusses oder mit Absolvieren eines Studiums. In diesem Kapitel werden die berufliche Sozialisation und der Arbeitsplatz als Sozialisationsinstanz betrachtet, durch die die Kompetenzen der Lernenden spezifisch geprägt werden. Es werden neuere Studien vorgestellt, die einerseits das informelle Lernen als zusätzliche Quelle des Kompetenzerwerbs herausstellen und sich andererseits der Validierung und Anerkennung von informell erworbenen Kompetenzen widmen.

Lernziele

- sozialisationsrelevante Aspekte der tertiären Sozialisation benennen und verstehen können
- den Arbeitsplatz als Lern- und Sozialisationsinstanz erkennen können
- Überlegungen begründen können, wie die Ressourcen des Arbeitsplatzes für das Lernen und die berufliche Sozialisation stärker genutzt werden können
- die Validierung und Anerkennung informell erworbener Kompetenzen beurteilen können

Eine Industriekauffrau, die sich zur Verwaltungswirtin weiterqualifizieren möchte, kann nicht nur auf ihren in der Ausbildung erworbenen Fähigkeiten und Wissensbeständen aufbauen, sondern hat im Laufe ihrer beruflichen Tätigkeit verschiedene Kompetenzen, aber auch Einstellungen und Deutungsmuster erworben, die teilweise typisch für das jeweilige berufliche Umfeld sind. Dabei vermischen sich bei ihr berufsspezifische Haltungen, das Erleben einer bestimmten Organisationskultur sowie individuelle Erfahrungen am Arbeitsplatz. Viele der so erworbenen Kenntnisse, Fähigkeiten und Einstellungen werden ihr auf dem weiteren Qualifizierungsweg nützlich sein und gegebenenfalls auch anerkannt und auf Weiterbildungsmaßnahmen angerechnet werden. Andere müssen aber für das neue Aufgabenfeld als Verwaltungswirtin auch verändert oder korrigiert werden, was für die Lernende, aber auch für Lehrende in der Weiterbildung besonders herausfordernd sein kann.

7.1 Berufliche Sozialisation

Mit dem Begriff „berufliche Sozialisation“ werden alle informellen Lernprozesse für und durch den Beruf erfasst. Berufliche Sozialisation beinhaltet die Persönlichkeitsentwicklung und den Aufbau von Kenntnissen, Fertigkeiten und Kompetenzen in der aktiven Auseinandersetzung mit den Anforderungen und Bedingungen, „die für die Ausübung einer berufsgebundenen Erwerbstätigkeit konstitutiv sind“ (Dobischat & Düsseldorf, 2009, S. 385).

Aktuelle Diskussionen über *Konzepte der beruflichen Sozialisation* sind geprägt durch Veränderungen in der Arbeitswelt, die zusammenfassend als Wandel von einer Industrie- in eine Dienstleistungs- und Wissensgesellschaft bezeichnet werden können. In Deutschland, der Schweiz und Österreich manifestieren sich diese Entwicklungen unter anderem in einem Mangel an qualifizierten Fachkräften. Ebenso findet eine zunehmende Entwertung von bestimmten Bildungstiteln statt, die sich beispielweise darin zeigt, dass ein Hauptschulabschluss seltener als früher einen direkten Zugang in die berufliche Ausbildung ermöglicht (Braun, Reißig & Skrobanek, 2010). Solche Entwicklungen führen auch zu wachsenden sozialen Disparitäten und Ausgrenzungsprozessen in der Gesellschaft. Vor diesem Hintergrund kommt der Sozialisationsforschung die Aufgabe zu, empirisch gesicherte Erkenntnisse zu gewinnen sowie die Folgen von beruflicher Ausgrenzung zu thematisieren, aber auch die Grundlagen der beruflichen Aus- und Weiterbildung weiterzuentwickeln.

Das *Ungleichgewicht zwischen Angebot und Nachfrage* in Bezug auf Ausbildungsplätze wird in öffentlichen Debatten besonders häufig thematisiert und damit begründet, dass es Ausbildungsberufe gebe, die von den Jugendlichen nicht nachgefragt werden. Solche Annahmen konnte die berufliche Sozialisations- und Bildungsforschung auf der Grundlage repräsentativer Analysen der wichtigsten Ausbildungsberufe allerdings nicht bestätigen. Vielmehr zeigt sich, dass es zumindest bis 2010 eine sogenannte Unterdeckung im Umfang von 10 Prozent und mehr gab. Besonders betroffen waren Berufe im gewerblich-technischen Bereich sowie Handwerks- und Malerberufe, die mehrheitlich von Hauptschulabgängerinnen und -abgängern gewählt werden (Autorengruppe Bildungsberichterstattung, 2010). Unter dem Einfluss des demografischen Wandels hat sich diese Situation in den letzten Jahren verändert, so dass heute doch ein Mangel an Ausbildungskandidatinnen und -kandidaten – vor allem in Handwerksberufen – festgestellt wird. Wie sich dieser Wandel auf die berufliche Sozialisation von Auszubildenden auswirkt, ist bislang nicht hinreichend erforscht.

Ein sozialisationsrelevanter Bereich ist auch der *Drop-out im Ausbildungsablauf.* Lehrvertragsauflösungen, auch als „Lehrabbrüche" oder „vorzeitig aufgelöste Ausbildungsverträge" bezeichnet, sind immer in komplexe Sozialisations- und Entwicklungsprozesse eingebunden, die neben individuellen auch institutionellen und organisatorischen Einflüssen unterliegen. In jedem Fall bedeuten sie eine Diskontinuität in der beruflichen Sozialisation und für den Betrieb sowie die Auszubildenden Unsicherheit, Verlust an Zeit, Energie und anderen Ressourcen (ebd.).

Wissenswert

In Deutschland werden jährlich rund 20 Prozent aller Ausbildungsverträge vor Abschluss der Lehre aufgelöst, was bedeutet, dass über 100.000 Auszubildende jährlich von einer Vertragsauflösung betroffen sind.

Die Auflösung des Lehrvertrages ist allerdings nicht immer mit einem Ausbildungsabbruch gleichzusetzen. Der Grund dafür kann auch ein Wechsel des Betriebs oder des Berufs sowie der Beginn einer anderen Bildungskarriere sein. Die Abbruchquoten können allerdings auch für junge Menschen stehen, die das Ausbildungssystem dauerhaft ohne Abschluss verlassen, was äußerst problematische individuelle und gesellschaftliche Konsequenzen nach sich zieht. Die beruflichen Entwicklungsmöglichkeiten sind dadurch nachhaltig und dauerhaft eingeschränkt.

Wissenswert

Obwohl sich die Übernahmequoten der Ausbildungsbetriebe seit 2005 etwas verbessert haben, sind circa 10 Prozent aller Ausbildungsabgängerinnen und -abgänger ein Jahr nach dem Ende ihrer Ausbildung von Arbeitslosigkeit betroffen. Zudem findet mehr als ein Drittel aller Absolvierenden einer beruflichen Ausbildung keine Beschäftigung im Ausbildungsberuf, wobei Männer (40 % häufiger davon betroffen sind als Frauen (26 %) und ausländische Staatsangehörige (38 %) etwas stärker als Deutsche (32 %). Neben Geschlecht und ethnischer Herkunft bestehen auch Disparitäten in Bezug auf die Branchen, denn insbesondere Berufe im Baugewerbe oder der Nahrungsmittelindustrie sind durch Friktionen beim Übergang gezeichnet. Dies sind Berufe, die vor allem von jungen Männern erlernt werden, die höchstens über einen Hauptschulabschluss verfügen. Berufe im Gesundheitsbereich, die mehrheitlich von Frauen mit mittlerem Abschluss gewählt werden, erweisen sich beim Übergang zur zweiten Schwelle als weniger problematisch (Autorengruppe Bildungsberichterstattung, 2018, S. 146). Das gilt auch gegenwärtig.

Für viele junge Menschen in Deutschland erweist sich somit der *Übergang von der beruflichen Ausbildung in den Arbeitsmarkt* seit einigen Jahren als starke Herausforderung für ihre berufliche Sozialisation.

7.2 Informelles Lernen in der beruflichen Ausbildung und am Arbeitsplatz

In keinem anderen Bereich des Bildungssystems sind formelle und informelle Lernkontexte so systematisch aufeinander bezogen und konzeptionell integriert wie in der *dualen Berufsausbildung*. Die unter anderem auf John Deweys (1916) und Georg Kerschensteiners (1912) Überlegungen zum Lernen durch praktisches Tun zurückgeführte Verbindung von schulischen und betrieblichen Lernprozessen in der Berufsausbildung stellt sich im dualen Ausbildungssystem gleichzeitig als Verknüpfung formellen (schulischen) und informellen (betrieblichen) Lernens dar. Das Lernen im Betrieb kann vor allem dadurch häufig als informell beschrieben werden, als dass die Auszubildenden die Anwendung theoretischen Wissens und praktischer Fähigkeiten im alltäglichen Arbeitsvollzug erlernen sollen, indem sie damit verbundene, mehr oder weniger gezielt hierfür ausgewählte Aufgaben ausführen. Auch wenn der betriebliche Teil der Ausbildung, insbesondere in Großunternehmen, zum Teil stärker strukturiert wird (z. B. in Lehrwerkstätten) und damit auch eher den Charakter eines formellen Lernarrangements erhält, bleibt auch dort die Bedeutung des Lernens durch die Mitarbeit in regulären Arbeitsprozessen zentral für den Erwerb berufsbezogener Kompetenzen.

Jenseits des dualen Systems gibt es auch in Deutschland rein *schulische Ausbildungswege* (z. B. in Gesundheits- oder Erziehungsberufen), die aber – anders als beispielsweise in Frankreich – nicht die dominierende Form beruflicher Ausbildung darstellen. Rein *praktische Ausbildungen* (ohne formelle Anteile) prägen gerade im anglo-amerikanischen Raum die berufliche Qualifizierung junger Menschen, sind in Deutschland aber auf den Bereich der angelernten Tätigkeiten beschränkt. Auch im Kontext akademischer Bildungsgänge werden praktische Anteile im Rahmen von obligatorischen oder freiwilligen Praktika immer mehr zum gängigen Bestandteil eines Studiums, bis hin zu Dualen Studiengängen, die eine betriebliche Ausbildung mit einem Studium verbinden.

Systeme beruflicher Ausbildung in Deutschland sind die duale Berufsausbildung, das Schulberufssystem und das Übergangssystem (Berufsvorbereitung).

Im europäischen Vergleich zeigt sich, dass das Zusammenspiel berufspraktischer und schulischer Anteile in der beruflichen Ausbildung Kernbestandteil vieler europäischer Berufsbildungssysteme ist (CEDEFOP, 2003, 2018), wobei das deutsche Modell international gerne als Vorbild herangezogen wird. Insbesondere in Schwellen- und Entwicklungsländern orientiert man sich häufig am deutschen System der dualen Berufsausbildung, wobei auch die Grenzen der Übertragbarkeit solcher Ausbildungssysteme sichtbar werden (Gessler, Fuchs & Pilz, 2019). Das Zusammenspiel staatlicher und nichtstaatlicher Akteure (z. B. Arbeitgeberverbände, Gewerkschaften) zur Ausgestaltung und Regulierung dualer Berufsbildung ist ebenso komplex wie voraussetzungsvoll und baut auf der Überzeugung aller Beteiligten von der Effektivität dieser Form beruflicher Qualifizierung auf. Der Erfolg des Systems hängt dabei ganz wesentlich davon ab, inwieweit es gelingt, formell im schulischen Kontext erworbenes theoretisches Wissen auf die informellen Erfahrungswelten im Betrieb zu beziehen und umgekehrt.

Wissenswert

Das Lernen anhand von Aufgaben im Kontext des betrieblichen Alltags bleibt auch jenseits beruflicher Ausbildungsgänge ein zentraler Weg zum Aufbau beruflicher Handlungskompetenz, was auch und insbesondere nach Abschluss einer ersten beruflichen Qualifikation (einschließlich Studium) gilt.

Schon seit den 1980er Jahren machen sich Bildungsverantwortliche in Unternehmen zunehmend darüber Gedanken, wie informelle Lernprozesse im Unternehmen gefördert bzw. initiiert und damit gezielt als Mittel der Personalentwicklung eingesetzt werden können. Für informelles Lernen besonders relevant sind dabei folgende Aspekte (Russo, 2016):

1. verfügbare Informationen und Lernressourcen
2. Kommunikationsstrukturen in einer Organisation bzw. einem Unternehmen
3. Möglichkeiten neuer beruflicher Erfahrungen
4. lernförderliche Ausgestaltung von Tätigkeitsfeldern bzw. den Aufgaben am jeweiligen Arbeitsplatz

Zu 1. Als *Lernressourcen* am Arbeitsplatz wurden noch bis Ende des vorangehenden Jahrhunderts vor allem die Verfügbarkeit von Fachbüchern und -zeitschriften, Handbüchern oder ähnlichem in den Blick genommen. Heute geht es hier eher um digitale Ressourcen der Unternehmen. Während die meisten Unternehmen versuchen, ihren Mitarbeitenden möglichst viele Informationen über das Intranet zur Verfügung zu stellen, ist ein freier Zugriff auf das Internet noch längst nicht für jeden Arbeitsplatz gewünscht. Hier spielen nicht nur Vorbehalte des Managements bezüglich der Notwendigkeit eines Internetzugangs gerade in der Produktion eine Rolle, sondern auch Bedenken hinsichtlich des Datenschutzes und der Weitergabe vertraulicher interner Informationen (Schmidt-Hertha, Kuwan, Gidion, Waschbüsch & Strobel, 2011). Die im Intranet aufbereiteten Informationsressourcen und Kommunikationsmöglichkeiten wurden in vielen Organisationen seit den 1990er Jahren sukzessive ausgebaut und sind inzwischen fester Bestandteil eines internen Wissensmanagements (Reinmann & Mandl, 2009), das heißt strategischer Überlegungen, wie das in einem Unternehmen vorhandene Wissen systematisch gesammelt, archiviert und anderen Mitarbeitenden verfügbar gemacht werden kann. Hierbei werden neben klassischen Websites beispielsweise Informationsportale, unternehmenseigene Wikis, *Social-Media*-Plattformen oder Newsletter eingesetzt.

Zu 2. Kommunikationsstrukturen und -kulturen in Organisationen sind entscheidend dafür, wie welche Informationen an welche Organisationsmitglieder gelangen. Im Hinblick auf informelles Lernen sind auch und insbesondere Kommunikationswege über verschiedene Arbeitsbereiche, Abteilungen oder andere Organisationseinheiten hinweg von Bedeutung. Im Sinne des berufsbezogenen informellen Lernens hat es sich für Unternehmen als nützlich erwiesen, Räume für einen kollegialen Austausch zu schaffen, wobei auch in Zeiten der digitalen Kommunikation das physische Zusammentreffen von Mitarbeitenden für Lernprozesse eine wesentliche Rolle zu spielen scheint. Insbesondere müssen im Arbeitsalltag aber auch zeitliche Ressourcen für den Austausch mit Kolleginnen und Kollegen vorhanden sein.

Zu 3. Neue *berufliche Erfahrungsfelder* können sich beispielsweise durch Veränderungen des Zuschnitts von Aufgabenfeldern am gleichen Arbeitsplatz eröffnen, aber auch durch den Wechsel des Arbeitsplatzes. Einige Arbeitgeberinnen und Arbeitgeber versuchen, diese Lernmöglichkeiten beispielsweise durch Maßnahmen wie Jobsharing (zwei verschiedene Arbeitsplätze werden so zusammengelegt, dass beide Mitarbeitende das ganze Spektrum von Aufgaben kennenlernen), Jobrotation (Mitarbeitende wechseln regelmäßig das Aufgabengebiet) oder Auslandsentsendungen zu nutzen. Für viele Arbeitnehmerinnen und Arbeitnehmer sind selbstinitiierte Arbeitsplatzwechsel (oft verbunden mit einem Unternehmenswechsel) ebenfalls eine Möglichkeit, die eigenen professionellen Kompetenzen weiterzuentwickeln.

Zu 4. Die *lernförderliche Anreicherung von Arbeitsplätzen* gehört inzwischen zu den wichtigsten Personalentwicklungsstrategien in Unternehmen. Hierbei spielt nicht nur die Qualität der unterschiedlichen, mit einem Arbeitsplatz verbundenen Aufgaben, sondern auch das Verhältnis von neuen Herausforderungen und Routineaufgaben eine wesentliche Rolle für die individuelle Kompetenzentwicklung. Auch wenn sich eine leichte Überforderung der Arbeitnehmenden vielfach als lernförderlich zeigt, sind Geschwindigkeit und Umfang von neuen Herausforderungen unter anderem an die individuelle Veränderungsbereitschaft und -fähigkeit anzupassen. Gleichzeitig ist es von zentraler Bedeutung, dass die Erwerbstätigen sowohl informationelle als auch zeitliche Ressourcen in hinreichendem Maße für die Auseinandersetzung mit neuen Aufgaben zur Verfügung haben.

7.3 Validierung und Anerkennung informell erworbener Kompetenzen

Dass sich traditionelle Personalentwicklungsmaßnahmen (z. B. Trainings, Workshops oder Fortbildungen) durch informelles Lernen am Arbeitsplatz ganz oder teilweise ersetzen lassen, hat sich längst als Irrtum erwiesen (→ Kap. 4.2). Informelles Lernen kann organisierte Weiterbildung sehr gut ergänzen, aber eben nicht ersetzen. Dies ist schon dadurch begründet, dass die Art des erworbenen Wissens stark vom Weg des Wissenserwerbs abhängt. Das heißt, dass informell vor allem implizites Wissen erworben wird, das zwar Handlungsfähigkeit herstellen, aber nicht ohne Weiteres kommuniziert, eingeordnet und bewertet werden kann; formell erworbenes Wissen ist hingegen für die Lernenden gut explizierbar, seine Anwendung in unterschiedlichen Kontexten bedarf aber oft einer separaten Einübung. Die zentrale Herausforderung besteht daher in der *konstruktiven Verbindung* unterschiedlicher Lernformen mit informellem und formellem Charakter. Dabei kommt organisierten Lernkontexten unter anderem die Aufgabe zu, informell erworbenes Wissen explizierbar zu machen und dieses in seiner Situiertheit zu reflektieren. Umgekehrt findet die Anwendung formell erworbenen Wissens in der Regel im täglichen Arbeitsvollzug statt – also informell. Dieser Transfer kann unterstützt werden, indem einerseits überhaupt Möglichkeiten zur Erprobung von Gelerntem geschaffen werden und andererseits auch damit verbundene mögliche Fehler als Teil des Lernprozesses verstanden und toleriert werden.

Merksatz

Beruflicher Kompetenzerwerb ist immer ein Produkt unterschiedlicher Lernprozesse, die sich hinsichtlich ihres Grades an Formalisierung unterscheiden.

Eine besondere Herausforderung stellt in diesem Kontext die Frage nach dem *Nachweis (primär) informell erworbener Kompetenzen* dar. Die Gründe für ein starkes wissenschaftliches, politisches, aber auch wirtschaftliches Interesse an der Feststellung informell angeeigneter beruflicher Wissensbestände und Fähigkeiten sind vielfältig. In Betrieben geht es beispielsweise um Allokationsfragen, also die Entscheidung, wer für die Übernahme welcher Aufgaben am besten qualifiziert ist. Für die Weiterbildungspraxis stellt sich die Frage, auf welches Vorwissen weiterführende Bildungsangebote aufbauen können und welches Bildungsangebot für die jeweilige Person – unter Berücksichtigung ihres Vorwissens – passend ist. Auf politischer Ebene geht es unter anderem um die Arbeitskräftemobilität. Das heißt, es soll gesichert werden, dass Personen, die ohne formale Berufsausbildung schon lange in einem Bereich gearbeitet haben, auch in einem anderen Land erfolgreich in den Arbeitsmarkt integriert werden können. Insbesondere durch die jüngeren Migrationsbewegungen haben diese politischen Bestrebungen noch einmal an Relevanz gewonnen.

Für die Anerkennung informell erworbener Kompetenzen auf dem Arbeitsmarkt sind zwei Schritte erforderlich: die Validierung (Feststellung) und die Zertifizierung (Bescheinigung).

Für die *Validierung* informell erworbener Kompetenzen gibt es sehr unterschiedliche Verfahren, die von der schriftlich fixierten Selbsteinschätzung der Betroffenen bis hin zu standardisierten Tests reichen. Formen der Kompetenzvalidierung werden traditionell beispielsweise in Bewerbungsverfahren angewandt und umfassen dort unter anderem die Interpretation biografischer Daten (wenn vom Lebenslauf Rückschlüsse auf Wissen und Fähigkeiten gezogen werden), die Eindrücke aus Bewerbungsgesprächen oder auch aus strukturierten Assessment-Centern. Es steht also ein breites Spektrum von Verfahren zur Verfügung, deren Aussagekraft hinsichtlich der beruflichen Fähigkeiten von Personen – also deren Validität – allerdings unterschiedlich und in vielen Fällen nur bedingt zufriedenstellend ist (Moser, 2003).

Wie hoch die Ansprüche an die Validität und Reliabilität von Feststellungsverfahren informeller Kompetenzen sind, hängt wesentlich davon ab, ob und wozu die Ergebnisse anschließend in eine *Zertifizierung* münden sollen. Wenn die Kompetenzen vor allem für die Betroffenen selbst offengelegt und schriftlich dokumentiert werden sollen, ist eine professionell begleitete Selbstreflexion und die Erstellung eines Portfolios (z. B. im ProfilPASS) wichtig und zielführend. Um zu auf dem Arbeitsmarkt anerkannten Zertifikaten zu gelangen sind hingegen stärker standardisierte Testverfahren erforderlich, die eine interindividuelle Vergleichbarkeit der Ergebnisse gewährleisten (Zürcher, 2007). Diese liegen bislang aber nur für wenige Bereiche vor (z. B. Fremdsprachentests). Eine Alternative hierzu, die vor allem außerhalb Deutschlands stärker praktiziert wird, ist die Zulassung Externer zu berufsqualifizierenden Abschlussprüfungen. Mit den sogenannten Externenprüfungen werden Personen unabhängig von ihrer Teilnahme an einem entsprechenden Ausbildungsgang zu beruflichen Abschlussprüfungen zugelassen (oft auch mit vorangehenden Vortests). Die Nachfrage nach dieser Möglichkeit ist von Seiten der Lernenden – so zeigen es zumindest Erfahrungen in Portugal und England – eher gering, was auch mit anfallenden Prüfungsgebühren und antizipierten Erfolgschancen zu tun haben dürfte. Die Bedeutung solcher Anerkennungsverfahren zeigt sich auch mit Blick auf Lebensverläufe von Frauen, die häufiger ihre Erwerbs- und Bildungsbiografien zugunsten von Familienphasen unterbrechen, in diesen Phasen aber wesentliche informelle Lernerfahrungen machen.

7.4 Zusammenfassung

In den deutschsprachigen Ländern gibt es drei verschiedene Systeme der beruflichen Ausbildung, die unterscheidbare Sozialisationskontexte darstellen. Das erste ist das duale System der Berufsausbildung, das durch die Kooperation der betrieblichen und schulischen Lernorte gekennzeichnet ist und dadurch eine stark praxisintegrierte berufliche Sozialisation anbietet. Das zweite beinhaltet ein Schulberufssystem, in dem in vollschulischer Form (mit Praktika) vor allem Berufe des Dienstleistungssektors erlernt werden können, in das vorwiegend junge Frauen einmünden. Der Sozialisationskontext ist hierbei deutlich berufstheoretischer geprägt. Das dritte ist ein sogenanntes Übergangssystem, das auf berufsvorbereitende Ausbildungsangebote spezialisiert ist. Es wurde mit der Intention implementiert, das Eintrittsniveau von jungen Menschen in die duale Ausbildung zu verbessern und dadurch die Jugendarbeitslosigkeit zu senken. Dadurch wird in Deutschland ein wichtiger, auch sozialpädagogisch geprägter, kompensatorischer, beruflicher Sozialisationskontext angeboten. In der beruflichen Bildung und Sozialisation spielen mittlerweile auch informell erworbene Kompetenzen eine wichtige Rolle, die heute auch zertifiziert und damit anerkannt werden.

Fragen & Aufgaben

1. Welche Bedeutung haben Berufsausbildungssysteme für die berufliche Sozialisation?
2. Wovon hängen die Möglichkeiten informellen Lernens am Arbeitsplatz ab?
3. Welche Bedeutung hat die Validierung und Zertifizierung informell erworbener Kompetenzen?

Tipps zum Weiterlesen

Russo, G. (2016). *Job design and skill developments in the workplace* (IZA discussion paper, No. 10207). Bonn: Forschungsinstitut zur Zukunft der Arbeit. Verfügbar unter http://doku.iab.de/externe/2016/k160919r07.pdf

In stark verdichteter Form präsentiert Giovanni Russo einige zentrale Überlegungen und Befunde zur lernförderlichen Gestaltung von Arbeitsplätzen.

Walther, A. & Stauber, B. (2018). Bildung und Übergänge. In R. Tippelt & B. Schmidt-Hertha (Hrsg.), *Handbuch Bildungsforschung* (Springer Reference Sozialwissenschaften, Bd. 2, 4. überarb. u. akt. Aufl., S. 905–922). Wiesbaden: Springer VS.

Der Handbuch-Artikel von Andreas Walther und Barbara Stauber liefert einen Überblick über Theorien, Befunde und Ansätze der Forschung zu Übergängen im Lebenslauf, die hinsichtlich der Sozialisations- und Lernprozesse als besonders relevant anzusehen sind.

Zürcher, R. (2007). *Informelles Lernen und der Erwerb von Kompetenzen. Theoretische, didaktische und politische Aspekte* (Materialien zur Erwachsenenbildung, Nr. 2, hrsg. v. Bundesministerium für Unterricht, Kunst und Kultur). Wien (AT): BMUK. Verfügbar unter https://erwachsenenbildung.at/downloads/service/nr2_2007_informelles_lernen.pdf

Reinhard Zürcher liefert mit seiner Expertise eine neuere Fassung des vielzitierten Papiers von Günther Dohmen, das ähnlich breit und grundlegend die zentralen Fragen des informellen Lernens diskutiert und dabei auch auf dessen Validierung eingeht.

8

Geschlechtersozialisation und Geschlechterdifferenzen im informellen Lernen

In diesem Kapitel wird auf der Basis von Erkenntnissen und Diskursen der Geschlechterforschung und der Studien zur Geschlechtersozialisation die Frage bearbeitet, wie der Mensch zu Frau oder Mann gemacht wird, welche Folgen ein Ausscheren aus dieser Geschlechterdichotomie für den Sozialisationsprozess haben kann und wie Geschlechterdifferenzen auch in Lehr-Lern-Kontexten sichtbar und spürbar werden.

Lernziele

- die Wirkung geschlechtsspezifischer Sozialisation in der Kindheit verstehen lernen
- die Bedeutung geschlechtsspezifischer Sozialisation für das Lernen im Erwachsenenalter erläutern können
- Geschlechterdifferenzen beim informellen Lernen aufzeigen können

Helga interessiert sich für kunsthistorische Fragen, und sie reist auch sehr gerne, daher besucht sie seit Jahren die einschlägigen Kurse der Volkshochschule in ihrer Region. Gerhard ist auch sprachinteressiert, aber seine Motivation zum Besuch von Sprachkursen verbindet er deutlich mit beruflichen Aufstiegswünschen, und deshalb besucht er vor allem die zertifizierten und beruflich orientierten Programme verschiedener Weiterbildungsträger. Olga kennt beide sehr gut und ist mit ihnen befreundet. Manchmal fragt sie sich, ob das unterschiedliche Weiterbildungsverhalten nur einem Klischee entspricht oder ob es typisch für Frauen und Männer ist, und woher eventuell solche verschiedenen Wünsche und Erwartungen an die Weiterbildung kommen.

8.1 Soziale Konstruiertheit des Geschlechts

Erwachsenenbildungsangebote richten sich eher selten speziell an Frauen oder Männer, werden aber häufig von Frauen und Männern unterschiedlich stark wahrgenommen. Während sich Lehrende in künstlerisch-kreativen Themenfeldern oft einer überwiegend weiblichen Lerngruppe gegenübersehen, erleben Dozierende im gewerblich-technischen Bereich eher das Gegenteil. Um sich auf die Interessen und Voraussetzungen der jeweiligen Lerngruppe einzustellen oder auch, um mit Angeboten gezielt Frauen oder Männer anzusprechen, lohnt sich die Auseinandersetzung mit sozialisationsbedingten Unterschieden, beispielsweise hinsichtlich fachspezifischer Selbstkonzepte und Lernhaltungen.

„Man kommt nicht als Frau zur Welt, man wird es", hielt Simone de Beauvoir schon 1968 fest (Beauvoir, 1968, S. 265 zit. n. Dausien & Walgenbach, 2015, S. 20) und nahm damit eine zentrale Botschaft der Forschungsarbeiten zur geschlechtsspezifischen Sozialisation späterer Jahrzehnte vorweg.

Wissenswert

Das biologische Geschlecht kann auf Grundlage empirischer Befunde als nur sehr bedingt bedeutsam für Unterschiede in Verhalten, Dispositionen oder Biografien von Frauen und Männern angesehen werden. Vielmehr sind Geschlechterunterschiede sozial konstruiert, das heißt in weiten Teilen unabhängig von biologischen Unterschieden.

Diese soziale Konstruiertheit von Geschlecht (*gender*) wird aus zwei Perspektiven diskutiert. Aus Sicht der Sozialisationsforschung lag insbesondere in den letzten Jahrzehnten des 20. Jahrhunderts der Fokus auf den geschlechtsspezifisch unterschiedlichen Sozialisationserfahrungen – also der Frage, wie Mädchen und Jungen in der aktiven Auseinandersetzung mit ihrer Umwelt geschlechtsspezifische Einstellungen, Verhaltensweisen und Dispositionen entwickeln. In der neuen Sozialforschung (verstärkt seit der Jahrtausendwende) erfährt der Ansatz des *doing gender* sehr viel

Aufmerksamkeit. Insbesondere durch die Arbeiten von Judith Butler (1990) sowie Candace West und Don H. Zimmerman (1987) wurden Geschlecht und Geschlechtlichkeit mehr auf die kontinuierliche Reproduktion heteronormativer Diskurse in sozialen Praktiken zurückgeführt und damit der Blick stärker auf die Reproduktion von Geschlechterungleichheit in konkreten sozialen Handlungen gerichtet und weniger auf deren biografische Genese im Rahmen von Sozialisationsprozessen. Dabei muss der Ansatz des *doing gender* keineswegs als konkurrierend zur Idee der geschlechtsspezifischen Sozialisation gesehen werden (Dausien & Walgenbach, 2015). Die Analyse sozialer Praktiken ermöglicht eine sehr viel kleinteiligere Rekonstruktion von Sozialisationsprozessen und der darin eingelagerten Prozesse der Reproduktion von Geschlechterformationen.

Aufgrund des breiten Forschungsstands werden wir uns in diesem Kapitel weitgehend auf Differenzen zwischen Frauen und Männern konzentrieren.

8.2 Geschlechtsspezifische Sozialisation in der Kindheit

Geschlechtsspezifische Sozialisation beginnt meist mit der Geburt. Nicht nur, dass beispielsweise schon die farbliche Gestaltung von Bekleidung und Kinderzimmer bei Babys gerne dem Geschlecht angepasst wird, zeigen auch Studien, dass elterliches Verhalten gegenüber Babys vom Geschlecht des Kindes abhängt.

Wissenswert

In den sogenannten Baby-X-Studien wurde erwachsenen Probandinnen und Probanden ein Baby anvertraut, aber eine falsche Auskunft zu dessen Geschlecht gemacht. Es konnte so experimentell bestätigt werden, dass Erwachsene einem (vermeintlich) weiblichen Baby andere Attribute zuweisen als einem (vermeintlich) männlichen Baby, was auch in der Kommunikation mit dem Kind deutlich wurde.

Geschlechtsspezifische Differenzierungen werden teilweise bewusst und teilweise unbewusst vorgenommen. So kann der unterschiedliche Umgang mit Mädchen und Jungen zum einen eine intendierte erzieherische Handlung sein, also durch geschlechtsspezifische Erziehungsziele bestimmt sein (z. B. Mädchen sollen fleißig sein, Jungen sollen sportlich sein). Zum anderen kann er eine Reaktion auf geschlechtsspezifisch unterschiedlich interpretiertes Verhalten des Kindes sein (z. B. wird eine Vorliebe für Puppen bei Mädchen eher als normal empfunden als bei Jungen). Darüber hinaus kann er auch dadurch entstehen, dass in Abhängigkeit vom Geschlecht des Kindes bestimmte Eigenschaften eher wahrgenommen werden als andere.

Wissenswert

Eine aktuelle Studie belegt, dass das mathematische Selbstkonzept bei Mädchen abhängig von den Geschlechterstereotypen der Eltern ist, also dass das Zutrauen in die eigene Leistungsfähigkeit im Bereich Mathematik bei Mädchen dann schwächer ausgeprägt ist, wenn die Eltern Mädchen grundsätzlich für weniger naturwissenschaftlich begabt halten (Schreiner u. a., 2019).

Kinder entwickeln bereits sehr früh ein Bewusstsein über Geschlechterdifferenzen und können sich schon im Kleinkindalter als Mädchen bzw. Junge identifizieren. Spätestens im Vorschulalter verfügen Kinder dann über ein Repertoire typisch weiblicher bzw. typisch männlicher Attribute, das heißt, sie können beispielsweise Kleidung oder Spielzeug einem Geschlecht zuordnen. Später kommen dann *Geschlechterrollen* und geschlechtsspezifische Verhaltensmuster dazu, die aber auch im Erwachsenenalter – eben im Sinne eines *doing gender* – kontinuierlich neu hergestellt und reproduziert werden. Die Familie als Sozialisationsinstanz spielt hierbei eine zentrale Rolle, da hier nicht nur Geschlechterrollen gelebt und erlebt, sondern auch immer wieder neu verhandelt werden.

Deutlich wird dies beispielsweise in der Phase der Familiengründung. Während bei jungen Paaren immer häufiger eine egalitäre Aufgabenverteilung im Haushalt zu finden ist und junge Frauen in der Regel ebenso berufstätig sind wie junge Männer, ändert sich das oft mit der Geburt des ersten Kindes. Zumeist sind es die Frauen, die für die Versorgung des Kindes ihre berufliche Tätigkeit unterbrechen. Doch auch, wenn beide Elternteile wieder voll berufstätig sind, bleibt die Aufgabenverteilung in Haushalt und Kindererziehung zuungunsten der Frau meist ungleich verteilt (Fthenakis, Kalicki & Peitz, 2002). Sobald also eigene Kinder geboren sind, scheinen sich die zu Beginn der Partnerschaft so oft nicht erkennbaren klassischen Geschlechterrollen wieder stärker durchzusetzen. Allerdings verändern sich die Begründungsmuster für diese Rollenverteilung. Während früher Haushalt und Kindererziehung fraglos als Aufgabe der Frau angesehen wurden und die Männer für die Sicherung des familialen Einkommens verantwortlich waren, wird eine Erwerbsunterbrechung der Frau heute häufiger mit Verweis auf deren geringeres Einkommen begründet (Dausien & Walgenbach, 2015). Das Argument eines tradierten Geschlechterbildes ist hier also einer ökonomischen Begründung gewichen, die ein nach wie vor geringeren Durchschnittsverdienst von Frauen – auch bei gleichen Tätigkeiten – legitimieren soll.

Geschlechterrollen werden nicht nur in der Kindheit geprägt, sondern ein Leben lang ausgehandelt.

8.3 Geschlechtsspezifische Sozialisation und informelles Lernen im Erwachsenenalter

Während zur Reproduktion klassischer Geschlechterrollen in der Phase der Familiengründung – ebenso wie zur geschlechtsspezifischen Sozialisation in der Kindheit – eine Reihe von Studien vorliegt, wird die *Familie als Ort geschlechtsspezifischer Sozialisation* im mittleren und höheren Erwachsenenalter kaum mehr in den Blick genommen. Dabei zeigen weibliche Erwerbsbiografien, dass Unterbrechungen oder Reduzierungen der beruflichen Tätigkeit aufgrund familialer Aufgaben auch nach der Familiengründungsphase zumeist die Frauen betreffen. So wird auch die Pflege älterer Familienmitglieder primär an die Frauen delegiert. Dementsprechend hat auch der Übergang in die Nacherwerbsphase für Frauen häufig nicht die gleiche identitätsgefährdende Relevanz wie für Männer (Schmidt-Hertha & Rees, 2017). Während für Männer das Ende einer in der Regel über Jahrzehnte kontinuierlich ausgeübten Vollzeit-Erwerbstätigkeit einen tiefgreifenden, alle Lebensbereiche tangierenden Umbruch bedeutet, hat dieser Übergang für viele Frauen, deren Erwerbsbiografien stärker durch Diskontinuität gekennzeichnet sind, eine geringere Tragweite.

Sehr intensiv beforscht wurde insbesondere in den letzten Jahrzehnten des 20. Jahrhunderts neben der geschlechtsspezifischen Sozialisation auch die *geschlechtsspezifische Benachteiligung* im Bildungssystem. Während jedoch noch in den 1970er Jahren Mädchen als im Bildungssystem benachteiligt galten, sind es inzwischen die Jungen, die im Durchschnitt schlechtere schulische Leistungen erbringen. Allerdings sind die Leistungsdifferenzen fachspezifisch. Während Mädchen über signifikant bessere Fähigkeiten im Lesen und Schreiben verfügen, schneiden Jungen in Mathematik und naturwissenschaftlichen Fächern nach wie vor etwas besser ab. Zur Erklärung solcher Differenzen werden einerseits geschlechtsspezifische Selbstkonzepte herangezogen und andererseits Interaktionen im Klassenzimmer untersucht. Dabei gerät sowohl die Interaktion zwischen Lehrenden und Lernenden sowie Schülerinnen und Schülern untereinander als auch die Unterrichtsmaterialien in den Blick.

Wissenswert

Verschiedene Studien zeigen, wie sich die Aufmerksamkeit von Lehrkräften auf Schülerinnen und Schüler geschlechtsspezifisch unterschiedlich verteilt (Jones & Dindia, 2004) und wie die Ausgestaltung von Schulbüchern einseitig Mädchen oder Jungen anspricht (Moser, Hannover & Becker, 2013).

Gerade die Unterschätzung eigener Potenziale von Mädchen im Bereich Mathematik und Naturwissenschaften wird auch mit dem Verhalten von Schülerinnen und Schülern innerhalb einer Klasse in Verbindung gebracht. Einzelne Studien verweisen beispielsweise auf ein günstigeres mathematisches Selbstkonzept von Schülerinnen in reinen Mädchenschulen.

Fachbezogene Selbstkonzepte sind nicht nur hinsichtlich des Engagements im Unterricht und der Attribution von Schulleistungen bedeutsam, sondern werden insbesondere im Kontext von Bildungsentscheidungen und der Berufswahl wirksam. Die Wahl eines Ausbildungsberufs ist – trotz zunehmender Öffnung reiner „Frauen- bzw. Männerberufe" für das jeweils andere Geschlecht – weiter stark geschlechtsspezifisch.

Wissenswert

Bei einem Angebot von 344 Ausbildungsberufen konzentrieren sich 74,2 Prozent der weiblichen Azubis und 61,5 Prozent der männlichen auf je 25 Berufe, wobei bei den weiblichen Jugendlichen kaufmännische und medizinische Berufe, bei den männlichen technische Berufe dominieren (Autorengruppe Bildungsberichterstattung, 2018). Auch die Wahl von Studienfächern ist geschlechtsspezifisch unterschiedlich, wobei insbesondere der geringe Frauenanteil in den sogenannten MINT-Studiengängen problematisiert wird.

Gleichzeitig sind Mädchen und junge Frauen im Bildungssystem durchschnittlich erfolgreicher als Jungen bzw. junge Männer. Dies gilt für den schulischen, inzwischen aber auch für den hochschulischen Bereich. Mädchen und Frauen sind in höheren Schulen und Hochschulen überrepräsentiert, erzielen dort bessere Noten und schneiden auch in Schulleistungsstudien regelmäßig besser ab (Autorengruppe Bildungsberichterstattung, 2018). Insbesondere im schriftsprachlichen Bereich ist die Überlegenheit von Mädchen im Schulsystem besonders deutlich erkennbar, was wiederum Fragen nach benachteiligenden Strukturen an Schulen aufwirft. So wird unter anderem diskutiert, ob schulische Curricula und Unterrichtsmaterialien zu wenig auf die Interessen der männlichen Schüler eingehen oder ob die zunehmende Feminisierung der Lehrerschaft hierbei eine Rolle spielt.

Wissenswert

Vor allem in der Grundschule ist ein deutlicher Anstieg des Anteils weiblicher Lehrkräfte zu verzeichnen, der inzwischen über 88 Prozent beträgt und 1992 noch bei 78 Prozent lag (Statistisches Bundesamt, 2019). Hingegen ist die Geschlechterverteilung in der Lehrerschaft in weiterführenden Schulen mit einem Frauenanteil von circa zwei Drittel etwas ausgeglichener. Dennoch werden gerade dort die Leistungsunterschiede zwischen Schülerinnen und Schülern besonders deutlich sichtbar.

Es gibt bislang wenige Erkenntnisse darüber, welche Rolle die Prozesse *beruflicher Sozialisation* bei der Entstehung geschlechtsspezifischer Disparitäten auf dem Arbeitsmarkt spielen. In jedem Fall ist von einer großen Bedeutung der tradierten Rollenbilder, familialen Aufgabenverteilungen und des geschlechtsspezifischen Berufswahlverhaltens für ungleich verteilte Karriereperspektiven auszugehen, aber auch von Relikten eines diskriminierenden Entlohnungssystems, wie es Mitte des vergangenen Jahrhunderts etabliert war.

Wissenswert

Im Übergang vom Bildungssystem in den Beruf schlagen sich die (hoch-)schulischen Leistungsvorteile der Mädchen und Frauen nicht in entsprechenden beruflichen Positionen und im Einkommen nieder. Obwohl Frauen die durchschnittlich besseren Bildungsabschlüsse vorweisen können, bleiben ihre Karriereperspektiven und Gehälter weiterhin hinter jenen der Männer zurück (Seeber & Baethge, 2016).

Jenseits der Dichotomie von männlich und weiblich, die bis heute weite Teile sozialwissenschaftlicher Geschlechterforschung prägt, setzt sich inzwischen zunehmend ein *ausdifferenzierteres Bild* von Geschlecht und Geschlechtlichkeit durch. Nicht nur durch die Arbeiten zu queeren Jugendlichen und Transgender geriet die dichotome Einordnung in Männer und Frauen in die Kritik. Es konnte gezeigt werden, dass vor allem die Menschen, deren Geschlechterzuordnung und sexuelle Orientierung nicht den heterosexuellen Normen und Erwartungen hinsichtlich der Identifikation mit dem biologischen Geschlecht bei Geburt entsprechen, unter Druck geraten (Timmermanns, 2017). Dabei fokussieren aktuelle Studien insbesondere die Jugendphase, die mit der Entwicklung der eigenen sexuellen Orientierung als Entwicklungsaufgabe und für lsbt*q Jugendliche (lsbt*q: lesbische, schwule, bisexuelle, transidente oder queere) oft auch mit dem eigenen Coming-out verbunden ist. Die Entwicklung der eigenen Geschlechtsidentität ist für lsbt*q Jugendliche ungleich riskanter, und Sozialisationserfahrungen sind hier häufiger mit Formen von Stigmatisierung, Ausgrenzung, Diskriminierung oder sogar Gewalt verbunden. Dies kann bei den Betroffenen unter anderem zu einer negativen Haltung gegenüber der eigenen sexuellen Orientierung und zu einem sozialen Rückzug sowie zu erheblichen psychischen Belastungssymptomen führen (Watzlawik, 2004).

Inzwischen liegen auch Studien zum Umgang mit der eigenen sexuellen Orientierung von lsbt*q Personen im (höheren) Erwachsenenalter vor. Christopher McAllister (2018) untersuchte die besonderen Anforderungen älterer lsbt*q Erwachsener in erwachsenenpädagogischen Kontexten und verwies auf die Relevanz der biografischen Erfahrungen dieser Gruppe sowie das Potenzial von erwachsenenpädagogischen Kontexten für die Emanzipation von lsbt*q Menschen – auch im Alter. Darüber hinaus bieten gerade digitale Medien neue Möglichkeiten der Information, Interaktion, Identitätsentwicklung und Emanzipation von lsbt*q Personen.

8.4 Zusammenfassung

In diesem Kapitel wurden klassische Instanzen geschlechtsspezifischer Sozialisation vor dem Hintergrund aktueller Forschungsarbeiten zu *doing gender* in den Blick genommen. Dabei sind Familie, Schule, Peergroups und Medien als zentrale Sozialisationsinstanzen im Kindes- und Jugendalter besonders in den Fokus zu rücken, aber auch Sozialisationsprozesse im Erwachsenenalter (in Familie, Beruf oder durch mediale Darstellungen) tragen wesentlich zur (Wieder-)Herstellung von sozialen Geschlechterunterschieden bei. Dabei bezog sich die Forschung bis vor wenigen Jahren fast ausschließlich und aktuell immer noch in weiten Teilen auf die Differenzierung von zwei Geschlechtern, die – wie inzwischen auch politisch anerkannt – angesichts der Vielfalt möglicher Geschlechterformationen und -identitäten deutlich zu kurz greift. Die Forschung zu Transgender und Intersexualität steht aber sicherlich noch am Anfang, und es liegen bislang erst wenige Arbeiten zur Sozialisation queerer Geschlechteridentitäten vor.

Fragen & Aufgaben

1. Warum wird Geschlechteridentität als sozial konstruiert angesehen?
2. Wie haben sich geschlechtsspezifische Disparitäten im Bildungssystem seit Mitte des 20. Jahrhunderts verändert?

Tipps zum Weiterlesen

Butler, J. (1990). *Gender trouble. Feminism and the subversion of identity.* New York (US): Routledge.
Judith Butler zählt zu den zentralen Vertreterinnen einer neueren feministischen Theoriebildung einerseits und einer poststrukturalistischen Sozialwissenschaft andererseits. Dieses Buch führt in ihre intensiv rezipierten Überlegungen zur Bedeutung und Konstruktion von Geschlecht ein.

Budde, J. & Venth, A. (2010). *Genderkompetenz für lebenslanges Lernen. Bildungsprozesse geschlechterorientiert gestalten.* Bielefeld: W. Bertelsmann.
Das Buch widmet sich den Anforderungen hinsichtlich des Umgangs mit Genderfragen, wie sie sich an professionell Tätige in verschiedenen pädagogischen Feldern stellen. Dabei nehmen Jürgen Budde und Angela Venth systematisch die einzelnen Bildungsbereiche – von der Kita bis zur Erwachsenenbildung – in den Blick und entwickeln ein Modell für eine geschlechtergerechte Bildung.

Dausien, B. & Walgenbach, K. (2015). Sozialisation von Geschlecht – Skizzen zu einem wissenschaftlichen Diskurs und Plädoyer für die Revitalisierung einer gesellschaftsanalytischen Perspektive. In B. Dausien, C. Thon & K. Walgenbach (Hrsg.), *Geschlecht – Sozialisation – Transformationen* (S. 17–50). Opladen: Budrich.
Im historischen Rückblick, aber auch mit starken aktuellen Bezügen, stellen Bettina Dausien und Katharina Walgenbach in ihrem Beitrag Befunde und Verläufe der Forschung zu geschlechtsspezifischer Sozialisation zusammen und arbeiten Desiderate für zukünftige Studien heraus.

Timmermanns, S. (2017). „LSBT*-Jugendliche und junge Erwachsene. (K)ein Thema für die Jugendforschung?!" *Diskurs Kindheits- und Jugendforschung,* (2), 131–143.
*Der Aufsatz von Stefan Timmermann gehört zu den umfassendsten Kurzbeiträgen zum Thema lsbt*q Jugendliche im deutschsprachigen Raum und bietet einen hervorragenden Einstieg in dieses komplexe Themenfeld.*

9

Mediensozialisation und informelles Lernen mit Medien

Medien unterstützen und erweitern die Möglichkeiten informellen Lernens enorm und werden als Informationsträger immer bedeutsamer. Das macht sich in der immer stärkeren Mediennutzung von Kindern und Jugendlichen bemerkbar, die sich kontinuierlich bis ins Erwachsenenalter fortsetzt. In diesem Kapitel werden Medien als eigenständige Sozialisationsinstanzen und ihr Einfluss durch eine spielerisch-unterhaltungsorientierte bis hin zu einer informierend-lernenden Nutzung diskutiert.

Lernziele

- Möglichkeiten und Bedeutung von Medien für informelle Aneignungsprozesse kennenlernen
- die Voraussetzungen für die Nutzung von Medien erörtern können
- die Rolle der Medien für die Sozialisation in modernen Gesellschaften einschätzen und einordnen können
- die Gefahren von Medien in Bezug auf die Fortschreibung sozialer Ungleichheiten nachvollziehen können

Herr Müller interessiert sich für eine Weiterbildung im Bereich der Gesundheitsprävention. Er informiert sich zunächst über die ihm vertrauten Suchmaschinen und Internetseiten und meldet sich dann für ein Angebot an, das er sofort online buchen kann. Dabei fragt er gleich beim Anbieter nach, ob es weitere digitale Informationen zur Maßnahme schon im Vorfeld gibt. Aufgrund seiner bisherigen Erfahrungen empfindet es Herr Müller als selbstverständlich, dass die Lehrenden per E-Mail erreichbar sind, ihre Kursunterlagen auch digital verfügbar machen und auf YouTube-Videos zur Anleitung gesundheitspräventiver Übungen verweisen. Auf diese oder ähnliche Weise sind Kursleitende – unabhängig von der eigenen Kursgestaltung – immer wieder mit den mediensozialisationsbedingten Erwartungen ihrer Teilnehmenden konfrontiert.

9.1 Mediennutzung und Mediensozialisation

Medien sind im privaten wie im beruflichen und im Bildungsalltag allgegenwärtig. Es lassen sich soziale Leitmedien (z. B. Der Spiegel, Tagesschau) von Medien als Institutionen (Landesrundfunkanstalten) unterscheiden. Ganz allgemein können Medien als „Kommunikationsmittel bzw. Vermittlungssysteme für Informationen aller Art" (Tenorth & Tippelt, 2007, S. 494) verstanden werden. Sie schließen apersonale (z. B. Bücher, CDs, Computer) ebenso wie personale Medien (z. B. Theater, Konzerte, Vorträge) ein. Der Fokus soll im Folgenden auf den erstgenannten liegen.

Ein Leitmedium ist ein einzelnes Medium, das einen besonders starken Einfluss auf die öffentliche Meinung hat.

Die Bedeutung von Medien für die individuelle und gesellschaftliche Entwicklung ist in den vergangenen Jahrzehnten kontinuierlich gewachsen. Medien wird heute oft der Status einer eigenständigen Sozialisationsinstanz (neben Familie, Schule, Beruf oder Peergroups) zugeschrieben (Vollbrecht, 2014). Exemplarisch lässt sich das an der Bestimmung von soziohistorischen Generationen ablesen. Während bis in die zweite Hälfte des 20. Jahrhunderts hinein einschneidende politische Ereignisse (z. B. Kriegsereignisse, Protestbewegungen, Wiedervereinigung) als generationenprägende Ereignisse in den Blick genommen wurden, werden heute häufig geteilte Mediensozialisationserfahrungen als konstituierendes Merkmal von Generationen angeführt. Die Differenzierung von *digital natives* und *digital immigrants* (Prensky, 2001) ist nur ein Beispiel für diese Generationenkonzepte, zu welchen auch Horst Opaschowskis (1999) „Generation @" gehört.

Ausgangspunkt dieser Differenzierungen ist die Erkenntnis, dass veränderte mediale Umwelten in sehr starkem Maße unsere Lebenswelten im Allgemeinen und die Bedingungen des Aufwachsens von Kindern und Jugendlichen im Besonderen verändern. Gerade die mit digitalen und insbesondere sozialen Massenmedien verbundene Auflösung der Trennung von Produzierenden und Konsumierenden medialer Inhalte, die mediale Vergemeinschaftung, aber auch aktuelle Entwicklungen im Bereich künstlicher Intelligenz haben insgesamt zu einem deutlichen Wandel nicht nur von medialen Lebenswelten geführt.

Diese Veränderungen dokumentieren repräsentative Studien zur Mediennutzung mit wachsender Präzision und zeigen dabei sowohl quantitative wie auch qualitative Veränderungen der Mediennutzung in allen Altersgruppen und Bevölkerungsschichten auf. Das *Internet* hat dabei das Fernsehen als Leitmedium abgelöst und ist inzwischen nur in der Gruppe der Hochbetagten noch nicht flächendeckend angekommen. Dagegen sind insbesondere die seit den 1990er Jahren Geborenen mit der Omnipräsenz digitaler Medien, mit einer wachsenden Verfügbarkeit mobiler Endgeräte und dem Internet der Dinge groß geworden. Diese veränderten Welten des Aufwachsens, die für Kinder und Jugendliche Erfahrungs- und Handlungsräume eröffnen, die vor wenigen Jahren noch kaum denkbar waren, stellen neue Anforderungen an medienpädagogisches Handeln, aber auch an Erziehung und Bildung allgemein, worauf pädagogische Institutionen – wenn überhaupt – vielfach nur sehr verzögert zu reagieren scheinen. So erscheinen die gegenwärtigen Diskurse um digitale Medien in der Schule teilweise fast anachronistisch vor dem Hintergrund der Verbreitung digitaler Medien in den außerschulischen Lebensbereichen von Kindern und Jugendlichen.

Merksatz

Angesichts der generellen Entwicklungen der medialen Umwelten darf nicht übersehen werden, dass es hinsichtlich der Mediennutzung erhebliche soziale Disparitäten gibt und dass auch digitale Medien offensichtlich nur bedingt dazu beitragen, soziale Unterschiede abzubauen, sondern im Gegenteil sogar neue soziale Ungleichheiten erzeugen oder zumindest das Potenzial dazu haben.

Unter dem Stichwort *„digital divide“* (Huffman, 2018) werden diese neu entstehenden *Ungleichheiten* verhandelt. Allerdings legt der Begriff eine gesellschaftliche Zweiteilung in Abhängigkeit von der Nutzung oder Nicht-Nutzung digitaler Medien nahe, die inzwischen kaum mehr haltbar scheint, da digitale Medien vom größten Teil der Bevölkerung genutzt werden, wenn auch auf sehr unterschiedliche Weise. So finden sich gerade in bildungsfernen Milieus eher konsumtive Formen der Mediennutzung, während Personen mit höheren Bildungsabschlüssen häufiger produktive und informierende Möglichkeiten digitaler Medien nutzen. Diese Unterschiede lassen sich bereits bei Kindern und Jugendlichen beobachten (Feierabend, Rathgeb & Reutter, 2018).

Mediale Welten – und damit medienbezogene Sozialisationserfahrungen – sind also nicht nur abhängig von der historischen Zeit und der Kultur, in der man aufwächst, sondern auch vom sozialen Milieu und den Mediennutzungsgewohnheiten innerhalb der Familie. *Medienbezogene Sozialisationserfahrungen* sind dabei in mindestens zweierlei Hinsicht für die gesellschaftliche Integration relevant.

Zum einen erlernen Menschen durch die Nutzung von und in der Auseinandersetzung mit Medien den Umgang mit diesen und können *Medienkompetenz* aufbauen. Es gibt inzwischen eine Vielzahl von Modellen und Theorien bezüglich der Frage, was Medienkompetenz ausmacht, wobei viele der Ansätze auf den Über-

legungen von Dieter Baacke (1973) aufbauen, der diesen Begriff geprägt hat. Er unterscheidet vier zentrale Bereiche der Medienkompetenz:

- Medienkunde (Wissen über die technische Funktionsweise von Medien)
- Mediennutzung (Fähigkeiten, Medien für unterschiedliche Zwecke zu nutzen)
- Mediengestaltung (Befähigung, Medien zur Produktion eigener Inhalte zu nutzen)
- Medienkritik (Fähigkeit, Intentionen und Wirkungen medialer Repräsentationen kritisch zu hinterfragen)

Medienkompetenz kann als Grundlage für eine konstruktive und effiziente Nutzung von Medien in unterschiedlichen beruflichen und außerberuflichen Kontexten sowie für die Teilhabe an demokratischen Gesellschaften gesehen werden.

Zum anderen prägen medial vermittelte Informationen und Bilder *Realitätsvorstellungen*, nicht nur von Kindern und Jugendlichen. Der überwiegende Teil unseres Wissens bzw. unserer Annahmen über die Welt stützt sich nicht auf eigenes Erleben (Primärerfahrung), sondern auf medial vermittelte Darstellungen (Sekundärerfahrungen), wobei Medien auch als Teil der Lebenswelt verstanden und somit selbst als Quelle von Primärerfahrungen gesehen werden können (Vollbrecht, 2014). Mit dem wachsenden Anteil, den Medien an unserem Weltwissen haben, wächst auch das Risiko manipulativer Darstellungen und ebenso die Bedeutung der Fähigkeit, sich das medial verfügbare Wissen zu eigen zu machen sowie dessen Belastbarkeit einschätzen zu können – kurz gesagt, es bedarf der Medienkompetenz. Die Art, wie Erwachsene als Bürgerinnen und Bürger, Konsumentinnen und Konsumenten oder in anderen Rollen medialer Beiträge adressiert werden, hat sich in den letzten Jahren insbesondere durch die Individualisierung von medialen Repräsentationen im Internet enorm verändert. Mediale Angebote werden hier nicht mehr nur in gleicher Form für alle Internetnutzenden verfügbar gemacht, sondern aufgrund von durch Algorithmen erstellter persönlicher Profile individuell angepasst. Diese Vorselektion von Informations- und Unterhaltungsangeboten führt einerseits zu einer Individualisierung medialer Welten und erfordert andererseits von den Nutzenden eine eigeninitiative Recherche, um zu Angeboten zu gelangen, die den eigenen Haltungen und Nutzungsmustern widersprechen.

Merksatz

Wie die veränderten Bedingungen der Mediensozialisation Kinder und Jugendliche – aber auch Erwachsene – mittel- und langfristig prägen, ist noch schwer abzusehen. Mediensozialisation ist als lebenslanger Prozess zu verstehen, auch wenn Konzepte, die Generationenbilder primär an den in deren Jugend verfügbaren Medien festmachen (z. B. „Generation @", „Generation Internet", *„digital natives"*), Anderes signalisieren.

Denkt man Mediensozialisation als lebenslangen Prozess, so stellt sich auch die Frage nach den Auswirkungen veränderter Strukturen im Internet und der veränderten Medienlandschaft insgesamt auf Erwachsene und deren aktive Auseinandersetzung mit diesen medialen Angeboten. Dabei wird dieser aktiven Auseinandersetzung – gerade, aber nicht nur im Jugendalter – eine wesentliche Bedeutung im Kontext von *Identitätsarbeit und Identitätskonstruktion* zugeschrieben (Schorb, 2006; Schramm & Hartmann, 2007). Moderne Medien bieten nicht nur Identifikationsfiguren, die für die eigene Identitätsentwicklung bedeutsam sind, sondern offerieren vielfältige Möglichkeiten der Selbstdarstellung und Selbsterprobung und damit (virtuelle) Räume, um auch alternative Identitätskonstruktionen auszutesten. Am Beispiel der Identitätsentwicklung wird aber auch deutlich, dass mediale Welten lediglich Möglichkeitsräume eröffnen. Ob und wie diese genutzt werden, hängt von der Persönlichkeit einerseits und den soziokulturellen Rahmungen (z. B. dem Milieu) andererseits ab (Vollbrecht, 2014).

9.2 Lernen mit Medien

Welche medialen Angebote wie genutzt werden, ist gleichzeitig auch eine Frage der Zugangsmöglichkeiten. Dabei geht es nicht nur um technische Aspekte (z. B. die regional sehr unterschiedlichen Möglichkeiten auf schnelles Internet zuzugreifen), sondern auch um die individuellen Fähigkeiten, sich Medien für die eigenen Zwecke zunutze zu machen (Medienkompetenz). Um Informationen aus Büchern zu entnehmen, muss beispielsweise eine grundlegende Lesefähigkeit gegeben sein, die sprachlichen Kenntnisse müssen ausreichen, um die Inhalte nachvollziehen zu können, und es muss gegebenenfalls ein vorausgesetztes inhaltliches Vorwissen verfügbar sein. Ähnliches gilt für Informationen aus dem Internet, und in beiden Fällen spielt auch die Befähigung, relevante von irrelevanten Informationen zu unterscheiden und gezielt nach ersteren zu suchen, eine wesentliche Rolle, was auch unter dem Begriff der *Informationskompetenz* verhandelt wird (Sühl-Strohmenger & Straub, 2016).

Merksatz

Die Nutzung von Medien für informelles Lernen ist sehr voraussetzungsvoll und der Zugriff auf entsprechende Medien allein noch längst nicht hinreichend.

Seit in Deutschland in den 1990er Jahren erste repräsentative Erhebungen zum informellen Lernen Erwachsener durchgeführt wurden, steht die Mediennutzung hierbei im Fokus. Während zunächst die selbstgesteuerte Wissensaneignung mit Büchern und Zeitschriften im Fokus der Befragungen stand, wurde die Nutzung digitaler Medien (z. B. webbasierte Trainings oder Internetrecherchen bis hin zu *YouTube*-Kanälen) immer bedeutsamer. Die Vielfalt der Lernmöglichkeiten durch die über das Internet verfügbare Informationsvielfalt scheint unbegrenzt, gleichzeitig wird die Selektion von relevanten und belastbaren Informationen immer anspruchsvoller, und die diesbezüglichen Fähigkeiten streuen breit.

Wissenswert

Aktuelle Studien verweisen deutlich darauf, dass Teile der Bevölkerung nur bedingt über die erforderlichen Voraussetzungen verfügen, Internetapplikationen gezielt für Lernzwecke einzusetzen, und dass neben dem bekannten Gefälle zwischen älteren und jüngeren Erwachsenen auch schicht- und milieuspezifische Unterschiede eine Rolle zu spielen scheinen (Kutscher, 2009). Entsprechend verwundert es nicht, dass gerade die Möglichkeiten selbstgesteuerten informellen Lernens mit Medien sehr unterschiedlich genutzt werden, wie eine aktuelle Repräsentativstudie zum Weiterbildungsverhalten zeigt (BMBF, 2020).

Mit der enormen Verbreitung digitaler Technologien und insbesondere mobiler Endgeräte in den vergangenen Jahren ist selbstgesteuertes Lernen zunehmend unabhängig von Ort und Zeit geworden. Medial verfügbar gemachtes Wissen – egal ob in Büchern, im Fernsehen oder im Internet, ob visuell, auditiv oder audiovisuell vermittelt – ist die vermutlich wichtigste Ressource für selbstgesteuerte Lernprozesse.

Gleichzeitig scheint nun immer und überall online verfügbares Faktenwissen eine gewisse Entwertung erfahren zu haben, und die fall- und situationsbezogene Anwendung dieses Wissens – also die Entwicklung von *Kompetenzen und Handlungsfähigkeit* – rückt als Lernziel stärker in den Mittelpunkt. Dabei bieten virtuelle Welten und Simulationen erweiterte Möglichkeiten des Erprobens und Einübens von Handlungsweisen im virtuellen Raum und unterstützen damit – bis zu einem gewissen Grad – eben diese Herstellung von Handlungsfähigkeit (Caumanns, Rohs & Stübing, 2003).

Möglichst passgenaue Informations- und Kommunikationsplattformen zu etablieren, ist in vielen Betrieben und Organisationen zentraler Bestandteil von Personalentwicklungs- und Wissensmanagementstrategien. Unternehmenseigene Wikis, intranetbasierte Social-Media-Plattformen oder eigens entwickelte Apps für mobile Endgeräte sind nur einige Beispiele für digitale Angebote, die berufsbezogenes informelles Lernen von Mitarbeiterinnen und Mitarbeitern unterstützen sollen. Allerdings verweisen Studien auch darauf, dass diese Applikationen keine Selbstläufer sind, sondern dass ihre Nutzung in hohem Maße von innerorganisationalen Lernkulturen, Arbeitsabläufen und Anreizsystemen, aber auch von den im Arbeitsalltag verfügbaren Zeitfenstern abhängig ist (Schmidt-Hertha, Kuwan, Gidion, Waschbüsch & Strobel, 2011).

Durch eine in den vergangenen Jahrzehnten kontinuierlich gestiegene alltägliche Mediennutzungszeit, die inzwischen auch durch die Nutzung mehrerer Medien parallel gekennzeichnet ist (Best & Handel, 2015), könnte von einer höheren Bedeutung dieser Medien für den *impliziten Erwerb* von Wissen, Einstellungen und Deutungsmustern ausgegangen werden, wenngleich es hierfür keine klaren empirischen Belege gibt. Gezeigt werden kann hingegen, dass sich die Art der genutzten Medien und deren Inhalte deutlich zwischen verschiedenen sozialen Gruppen unterscheiden (Engel & Mai, 2015) und die jeweiligen Nutzungsmuster auf eine unterschiedliche

Relevanz des Medienkonsums für die Kompetenzentwicklung schließen lassen. Daher birgt die zunehmende Bedeutung von digitalen Medien für informelles Lernen auch die Gefahr einer Verstärkung bestehender Bildungsungleichheiten, denn die Lernmöglichkeiten, die insbesondere internetbasierte Technologien bieten, verstärkt von Personen mit höheren Formalqualifikationen und in privilegierten beruflichen Positionen genutzt werden (BMBF, 2020).

Merksatz

Neben der intendierten Nutzung zur Wissensaneignung wird mit Medien auch vielfältig beiläufig und unbewusst gelernt.

Nicht nur durch die zunehmende Bedeutung der „Industrie 4.0“ und ähnlicher Entwicklungen sehen sich viele Arbeitnehmende am Arbeitsplatz mit neuen Anforderungen konfrontiert. Die Digitalisierung erfordert von Erwachsenen inzwischen den Umgang mit digitalen Technologien in vielen Lebensbereichen – sei es der Umgang mit digitalen Haushaltsgeräten oder Unterhaltungselektronik, die Verlagerung vieler Dienstleistungen ins Internet (z. B. Flugbuchungen, Versandhauseinkäufe, Fahrplanauskünfte) oder die Kommunikation mit Familienmitgliedern und Freunden, die nicht in der Nähe leben. Diese Technologien stellen Anforderungen an die Nutzenden, die oft erst dann spürbar werden, wenn Personen an diesen scheitern (Schmidt-Hertha, 2014).

Merksatz

Medien sind nicht nur ein wesentliches Mittel zur Gestaltung informeller Lernprozesse, sondern liefern vielfach auch die Anlässe und Anstöße zu diesen Lernaktivitäten.

9.3 Zusammenfassung

Trotz einer Vielzahl non-formaler Angebote zur Nutzung digitaler Medien (z. B. Volkshochschulkurse) ist davon auszugehen, dass die Kompetenz zum Umgang mit digitalen Medien überwiegend informell erworben wird. Dabei spielt das Erfahrungslernen im Sinne eines Ausprobierens von Problemlösungsansätzen, die Informationsrecherche (z. B. im Internet), aber auch der Austausch mit Personen im sozialen Umfeld eine wesentliche Rolle (Klein & Schmidt-Hertha, 2015; Thalhammer & Schmidt-Hertha, 2015). Vielfach handelt es sich dabei um implizite Lernprozesse, das heißt, Lernen wird den Akteurinnen und Akteuren gar nicht als solches bewusst, und es fällt ihnen dann oft auch schwer, retrospektiv zu rekonstruieren, wo und wann sie sich bestimmte Fähigkeiten und ein bestimmtes Wissen angeeignet haben. Auch Kontexte, die wir zunächst kaum mit Lernen verbinden – wie Freizeitaktivitäten oder kulturelle Teilhabe – können wesentliche informelle Lernfelder sein, bei denen implizites Wissen über digitale Medien vermittelt wird.

Fragen & Aufgaben

1. Wie haben sich Mediennutzungsgewohnheiten über die Jahrzehnte und über die Generationen hinweg verändert?
2. Warum sind Medien eine so wichtige Sozialisationsinstanz?
3. Welche Möglichkeiten und Grenzen bietet informelles Lernen mit digitalen Medien?

Tipps zum Weiterlesen

Feierabend, S., Rathgeb, T. & Reutter, T. (2019). *JIM-Studie 2019. Jugend, Information, Medien. Basisuntersuchung zum Medienumgang 12- bis 19-Jähriger*. Stuttgart: Medienpädagogischer Forschungsverbund Südwest.
Die JIM-Studie untersucht jährlich das Mediennutzungsverhalten, aber auch medienbezogene Einstellungen 12- bis 19-jähriger Jugendlicher in Deutschland und liefert hierzu repräsentative Daten.

Thalhammer, V. & Schmidt-Hertha, B. (2015). Intergenerationelle innerfamiliäre Unterstützungsprozesse bei der Mediennutzung von älteren Erwachsenen. *Zeitschrift für Erziehungswissenschaft, 18*(4), 827–844.
Der Artikel präsentiert die Ergebnisse einer empirischen Studie zu intergenerationellen Aneignungsprozessen durch digitale Medien in familialen Kontexten und verortet die Befunde theoretisch mit Bezug zu Modellen innerfamilialer Austauschprozesse.

Vollbrecht, R. (2014). Mediensozialisation. In A. Tillmann, S. Fleischer & K.-U. Hugger (Hrsg.), *Handbuch Kinder und Medien* (Digitale Kultur und Kommunikation, Bd.1, S. 115–124). Wiesbaden: Springer.
Dieser Handbuchbeitrag liefert einen kompakten Überblick über wesentliche theoretische Grundlagen und Forschungstraditionen der Mediensozialisation und greift zudem einige zentrale Befunde auf.

10

Sozialisation und informelles Lernen in Kultur und Freizeit

Die arbeitsfreie Zeit hat historisch gesehen zugenommen, so dass informelles Lernen und Sozialisation in diesem Bereich an Bedeutung gewinnen. Nicht nur für die berufliche Arbeit, sondern auch für die arbeitsfreie Zeit ist das subjektive Interesse nach sinnvoller und erfüllender Tätigkeit immer wichtiger geworden. In diesem Kapitel wird der Blick auf die Sozialisation und die informellen Lernprozesse im Kontext hochkultureller wie auch trivial- und massenkultureller Freizeitaktivitäten gerichtet und insbesondere im Zusammenhang mit bürgerschaftlichem und freiwilligem Engagement diskutiert.

Lernziele

- die arbeitsfreie Zeit und das kulturelle Engagement als sozial differenzierte Sozialisationsfelder erkennen können
- das bürgerschaftliche und ehrenamtliche Engagement als ein wichtiges Feld – auch im Rahmen der politischen Sozialisation von Jugendlichen und Erwachsenen – erläutern können
- die sozialisationsrelevanten Bedingungsfaktoren für bürgerschaftliches Engagement kennenlernen

Susan tritt bereits als Kind bei den Pfadfindern ein und verstärkt ihr Engagement in diesem Verband im Laufe des Jugendalters. Dabei gibt ihr das soziale Umfeld bei den Pfadfindern Halt in einer Lebensphase, die mit vielseitigen Verunsicherungen und Identitätskrisen verbunden ist. Später sind es nicht mehr so sehr einzelne Personen und Cliquen, die ihre Verbindung zu den Pfadfindern stärken, sondern die dort praktizierten Aktivitäten und das soziale Engagement, das sie in diesem Rahmen einbringen kann. Im Erwachsenenalter beginnt sie sich verbandsintern und -extern weiter für ihre Aufgaben bei den Pfadfindern zu qualifizieren, beispielsweise durch Jugendleiterschulungen, die ihr im Rahmen ihrer Tätigkeiten bei den Pfadfindern informell erworbenes Wissen ergänzen sollen.

10.1 Freizeitforschung und kulturpädagogische Aktivitäten

Sozialisation in kulturellen Szenen und in der Freizeit bietet im Jugend- und Erwachsenenalter seit Jahrzehnten eine große Chance der Selbstverwirklichung. Angesichts der immensen Verlängerung der Lebenszeit und der in historischer Sicht gleichzeitig zu konstatierenden Verkürzung von Arbeitszeiten ist Freizeit heute ein wichtiges Sozialisationsfeld geworden. Und auch das informelle Lernen in der arbeitsfreien Zeit gewinnt an Bedeutung (Giesecke, 1983; Nahrstedt, 1994; Opaschowski, 1996).

Dennoch muss man feststellen, dass der *Freizeitforschung* nach wie vor nur eine marginale Bedeutung in der komplexen Sozialisations- und Lernforschung zukommt. Seit Jahrzehnten boomen die zivilgesellschaftlich und kommerziell verfassten Bereiche der Freizeit, wie Gesundheit und Wellness, Tourismus, Sport, Medien und Kultur. Der Freizeitforschung ist es bisher dennoch nicht gelungen, sich als unverzichtbare Disziplin in der Erwachsenenbildung zu etablieren. Dies liegt auch daran, dass die pädagogische Freizeitforschung mit einem Theorie- und Methodenproblem konfrontiert ist. War noch Anfang des 20. Jahrhunderts eine klare Gegenüberstellung von Arbeit und Freizeit möglich, und ging es in der freizeitbezogenen Erwachsenenbildung „um eine der kommerziellen Freizeitnutzung entgegenwirkende, kompensatorisch, bildende, subjektive Interessen in den Mittelpunkt stellende Pädagogik für die nicht durch berufliche Arbeit bestimmte Lebenszeit“ (Liebau, 2007, S. 430), so ist diese Gegenstandsbestimmung heute fragwürdig geworden. Die Arbeits- und Berufsforschung konnte zeigen, „dass das subjektive Interesse, der Wunsch also nach sinnvoller, erfüllender Tätigkeit in einem angenehmen sozialen Rahmen, auch für die Entwicklung beruflicher Qualifikationen fundamentale Bedeutung hat“ (ebd., S. 431). Auch wenn dies bei weitem nicht für alle Tätigkeits- und Berufsbereiche zutreffend ist, ist doch zu konstatieren, dass sich für viele Erwachsene die Grenze von Arbeit und Freizeit aufgeweicht hat, und dass diese Entgrenzung zu einer Marginalisierung des spezifischen Forschungsgegenstands der Freizeitforschung beigetragen hat. Dennoch kann die nach wie vor bestehende gesellschaftlich wie individuell bedeutsame Differenz von beruflicher Arbeit, privater Reproduktion und Bildung einerseits und der informell zu gestaltenden, frei verfügbaren Zeit andererseits nicht übersehen werden.

Wissenswert

Auf die Bedeutung der Freizeitgestaltung hat die *Kulturpädagogik* seit den 1970er Jahren hingewiesen, indem sie die Zugänge zu den traditionellen und modernen Formen der Hochkultur – unter der Losung einer „Kultur für alle“ – öffnen wollte, wobei sich durch die Betonung der Kreativität bereichsbezogene kulturelle Bewegungen und Initiativen in Literatur, Musik, Theater und Politik entwickeln konnten. Diese kulturellen Bewegungen und Initiativen stellen bis heute die Frage nach der kulturellen Mitgestaltung – im Sinne einer „Kultur von allen“. „Wesentliche Kennzeichen dieser Kulturpädagogik sind die Orientierung am individuellen und kollektiven kulturellen Lernen, an Kreativität und sinnlicher Wahrnehmung, an Subjektivität und expressiver Aktivität in den verschiedensten kulturellen Feldern und Medien. Die traditionelle Differenz von Hoch- und Trivial- bzw. Volkskultur und damit von legitimen und illegitimen Künsten wird dabei bewusst zugunsten eines offenen und weiten Kulturbegriffs aufgegeben“ (Liebau, 2007, S. 428).

Die Entwicklung der subjektiven Ausdrucks- und Wahrnehmungsformen unter Berücksichtigung der subjektiven Interessen und sozialen Ausgangslagen steht – neben dem kommerziellen Freizeitsektor – im Zentrum sozialisationstheoretischer Überlegungen zu Freizeit. Institutionell sind die Zentren der offenen und verbandlichen Jugendarbeit, die öffentlichen Kultureinrichtungen (wie Museen und Theater), Vereine und Verbände, wie auch freie bereichsbezogene Initiativen und die kulturell orientierte Erwachsenenbildung diejenigen pädagogischen Praxisbereiche, in denen diese freie Sozialisation und gleichzeitig gezielte pädagogische Förderung stattfinden (Liebau, 1992). Die kulturell und ästhetisch orientierten Initiativen – gerade in der Erwachsenenbildung – müssen zielgruppen- und teilnehmerorientiert konzipiert werden, damit sie an den Interessen der Adressateninnen und Adressaten nicht vorbeigehen (→ Kap. 12). Aus der kultur- und freizeitpädagogischen Forschung weiß man, dass beispielsweise die Lesegewohnheiten sowie die Offenheit für Museums- und Theaterbesuche bei Erwachsenen deutlich mit der sozialen Herkunft und dem Bildungsgrad korrelieren (z. B. Tippelt, Strobel & Reupold, 2009b). Aber gerade darin liegen die Herausforderungen für eine sozialisationstheoretisch aufgeklärte Erwachsenenbildung, denn es gilt milieu- und interessensadäquate kulturelle Angebote zu konzipieren und durch Öffentlichkeitsarbeit zu unterstützen.

10.2 Bürgerschaftliches und freiwilliges Engagement

Ein spezifischer und politisch wichtiger Stellenwert in der freien Zeit kommt dem freiwilligen bzw. ehrenamtlichen Engagement in unserer Gesellschaft zu. Hervorzuheben ist aus einer sozialisationstheoretischen und zivilgesellschaftlichen Perspektive das hohe bürgerschaftliche und freiwillige Engagement in der demokratischen Gesellschaft (z. B. BMFSFJ, 2014). Für Deutschland belegen empirische Untersuchungsergebnisse, dass *freiwilliges bürgerschaftliches Engagement* in den letzten Jahrzehnten zugenommen hat, wenn man darunter die vielfältigen Formen des Ehrenamts, der Freiwilligenarbeit sowie der aktiven Beteiligung in Verbänden, Vereinen, Organisationen und informellen Gruppen fasst. Die verschiedenen Freiwilligendienste und das bürgerschaftliche Engagement sind ein demokratischer Sozialisationsbereich, der zunehmend durch Weiterbildung unterstützt wird, vor allem, um die „Qualität" des Engagements an demokratischen Prozessen und am öffentlichen Leben zu sichern und zu fördern. Die traditionelle und explizit politische Erwachsenenbildung nimmt eine wichtige Rolle ein, stagniert aber – gemessen an Nachfrage und Angebot – auf einem eher niedrigen Niveau.

Es kann davon ausgegangen werden, dass zwischen bürgerschaftlichem Engagement, politischer Partizipation und sozialer Integration ein enger Zusammenhang besteht. Wer sich freiwillig engagiert, verfügt über bessere Chancen politischer Information und Kommunikation und lernt auch lebensbegleitend fortwährend Neues. Ein Blick in empirische Studien verdeutlicht, dass engagierte Bürgerinnen und Bürger meist ein höheres Bildungsniveau haben und dass ein hoher sozioökonomischer Status und ein guter Gesundheitszustand das Freiwilligenengagement stärken. Auch das Alter wirkt sich deutlich aus; so engagieren sich junge Erwachsene besonders stark.

Auf das bürgerschaftliche und zivilgesellschaftliche Engagement hat die außerschulische politische Bildung Einfluss und wird als „Bestandteil gelingender, aufklärender und handlungsorientierter Lebensbewältigung in einer sich stark verändernden Welt" verstanden (Hafeneger, 2018, S. 1120). „Demokratie" wird im Sozialisationskontext in erster Linie als erfahrene Lebensform aufgefasst und erst in zweiter Linie als partizipative Staatsform (Dewey, 1916).

Studie

Der zuletzt veröffentlichte repräsentative *Freiwilligensurvey* in Deutschland (BMFSFJ, 2014) steht als Replikationsstudie in der Tradition der Forschungsbefunde seit 1999 und zeigt für die 14- bis über 65-Jährigen folgende Entwicklungen: Das Freiwilligenengagement ist breit gefächert und umfasst sehr verschiedene Tätigkeiten. Die Anteile freiwillig Engagierter sind besonders hoch in den Bereichen Sport und Bewegung, Schule und Kindergarten, Kultur und Musik, im sozialen und im kirchlich-religiösen Bereich. Einen mittleren Stellenwert des freiwilligen Engagements haben die Bereiche der außerschulischen Jugendarbeit und der Erwachsenenbildung, Politik und politische Interessensvertretung sowie Umwelt-, Natur- oder Tierschutz. Geringere Anteile richten ihr Engagement auf Unfall- und Rettungsdienste oder die Freiwillige Feuerwehr, die berufliche Interessensvertretung außerhalb des Betriebs, den Gesundheitsbereich oder die Kriminalitätsprävention. Im zeitlichen Verlauf hat sich von 1999 bis 2014 an dieser Reihung grundsätzlich nichts geändert (Aktionsrat Bildung, 2020; BMFSFJ, 2009, 2014).

Das Sozialisationsfeld „freiwilliges Engagement" hat sich in Deutschland von 65,8 Prozent im Jahr 1999 auf 70,2 Prozent im Jahr 2014 verstärkt, wobei es Unterschiede zwischen den Bevölkerungsgruppen gibt. Männer sind etwas häufiger engagiert und gehen eher administrativen Tätigkeiten nach, während

Frauen vermehrt persönliche Hilfeleistungen anbieten. Die Bildungsunterschiede sind ausgeprägt, denn knapp drei Fünftel (58,6 %) der Personen mit niedriger Schulbildung, aber drei Viertel der Höherqualifizierten (76,0 %) engagieren sich im öffentlichen Raum (Aktionsrat, 2020). Eine prosoziale und universale Werteorientierung ist Basis für das freiwillige Engagement. Interessant ist, dass Personen mit und ohne Migrationshintergrund eine gleich starke Bereitschaft zum Engagement zeigen (BMFSFJ, 2014).

Allerdings sinkt die aufgewendete Zeit für diese freiwilligen Tätigkeiten: Waren es 1999 circa 50 Prozent der Engagierten, die nur bis zu zwei Stunden in der Woche für ihre freiwillige Tätigkeit aufgewendet haben, sind es heute circa 60 Prozent. Der Anteil jener, die sechs und mehr Stunden pro Woche aufwenden, für die das freiwillige Engagement also ein Sozialisationsanker ist, ist im gleichen Zeitraum dagegen leicht zurückgegangen. Ob hierfür Freizeitwünsche, verstärkte berufliche Anforderungen oder organisatorische Umstrukturierungen in den Verbänden und Vereinen die Gründe sind, lässt sich schwer feststellen. Aber unverändert engagiert sich etwa ein Drittel aller Freiwilligen langfristig, also über zehn Jahre. Der Einstieg in das freiwillige Engagement ist über alle Lebensphasen verteilt.

Sozialisationstheoretisch interessant ist, dass heute über die Hälfte der freiwillig Engagierten in Organisationen wie Kirchen, Gewerkschaften, Volkshochschulen oder kommunalen sowie staatlichen Einrichtungen tätig sind, aber dass gerade das Engagement in kleinen individuellen Gruppen bzw. Selbsthilfegruppen weiter an Bedeutung gewonnen hat. Sozialisationstheoretisch ist das freiwillige Engagement also ambivalent zu deuten, denn einerseits signalisiert die Zunahme des freiwilligen Engagements außerhalb von Institutionen, dass sich – im Sinne der Individualisierungsthese – viele Bürgerinnen und Bürger nicht mehr langfristig in die Arbeit von traditionellen und staatlichen Institutionen einbinden, andererseits ist das starke freiwillige Engagement vieler Bürgerinnen und Bürger ein Hinweis darauf, dass das Interesse besteht, in heute zunehmend individualisierten und eher wenig institutionalisierten Formen zum Allgemeinwohl in der modernen demokratischen Gesellschaft beizutragen.

Wissenswert

Wichtige Hinweise zum Wandel der sozialisationsrelevanten Bedeutung des bürgerschaftlichen Engagements enthält der vom Deutschen Bundestag in jeder Legislaturperiode eingeforderte Bericht – inklusive einer Stellungnahme der Bundesregierung – zum freiwilligen Engagement, zuletzt zum Schwerpunktthema „Demographischer Wandel und bürgerschaftliches Engagement: Der Beitrag des Engagements zur lokalen Entwicklung" (BMFSFJ, 2017).

Die individuelle Lebens- und Freizeitgestaltung hat eine wesentliche Bedeutung für informelle Lernprozesse und den *Erhalt physischer und psychischer Fähigkeiten.* So können sportliche Aktivitäten auch als Form des (informellen) körperlichen Lernens verstanden werden, ebenso wie selbstgesteuerte kognitive Trainings (z. B. durch Kreuzworträtsel, Sudokus oder Gedächtnisübungen) zum Erhalt oder Ausbau kognitiver Fähigkeiten beitragen. Interessanterweise zeigen Befunde zum Lernen in der zweiten Lebenshälfte, dass sowohl sportliche als auch kognitiv aktivierende Freizeitgestaltungen mit dem Bildungshintergrund konfundiert sind. So sind ältere Erwachsene mit höherem Schulabschluss häufiger sportlich aktiv und beschäftigen sich häufiger mit kognitiv fordernden Aufgaben. Auch sind ältere Frauen hinsichtlich dieser Formen der Freizeitgestaltung aktiver als ihre männlichen Altersgenossen (Theisen & Sinner, 2009). Darüber hinaus erweisen sich der Erwerbsstatus und der Familienstand als relevante Prädiktoren für eine aktive Freizeitgestaltung, für kognitiv und körperlich aktivierende Tätigkeiten sowie die kulturelle Teilhabe in der zweiten Lebenshälfte. Verheiratete sind in allen genannten Bereichen aktiver, und auch die Betreuung der eigenen Enkel oder anderer Kinder ist positiv mit einer aktiven Lebensgestaltung assoziiert. Für die Erwerbstätigkeit hingegen zeigt sich zwar ein positiver Zusammenhang mit einer aktiven Freizeitgestaltung, für kulturelle Aktivitäten – die ebenfalls als lernrelevant gesehen werden müssen –, scheint Erwerbstätigen hingegen weniger Zeit zu bleiben (Schmidt & Schnurr, 2009). Allerdings ist das individuelle Zeitbudget wie auch die Zeitverwendung nicht zuletzt von soziodemografischen Faktoren und soziostrukturell verankerten Disparitäten abhängig.

Aktive Freizeitgestaltung fördert informelle Lernprozesse und den Erhalt von körperlichen und kognitiven Fähigkeiten.

Eine wachsende Bedeutung in der Freizeit haben *digitale Medien,* die das informelle Lernen erheblich anregen (→ Kap. 9). Menschen aller Altersgruppen nutzen mittlerweile digitale Lernformate sowohl zur Wissensaneignung und zur Information als auch zur Zerstreuung und Unterhaltung. Ein souveräner Umgang mit digitalen Medien ist von der Bildung und der sozialen Herkunft abhängig und entfaltet sich nicht ohne weiteres allein durch informelles Lernen. Auf allen Bildungsstufen und bei allen Altersgruppen sind professionelle Lehrpersonen sehr hilfreich, um die digitalen Medien in ihren Möglichkeiten voll auszuschöpfen (Autorengruppe Bildungsberichterstattung, 2020). Digitale Medien können das informelle Lernen in der Freizeit dann anregen, wenn die technische Infrastruktur gegeben ist, doch müssen die Medien in jeder Hinsicht auch beherrscht werden.

10.3 Zusammenfassung

Dem Zusammenwirken von Freizeitinfrastruktur und Technik einerseits und von qualifiziertem und professionalisiertem Personal in den Bildungseinrichtungen andererseits kommt großer Einfluss zu, um das letztlich selbstbestimmte informelle Lernen in der Freizeit auch zu persönlich wertgeschätzten Ergebnissen zu führen. Im Freizeitbereich von Erwachsenen geht es im Kern um das subjektive Interesse und den Wunsch nach sinnvoller und erfüllender Tätigkeit in einem angenehmen sozialen Rahmen. Viele Menschen sehen heute auch in kulturellen, ehrenamtlichen und zivilgesellschaftlichen Tätigkeitsbereichen eine sinnvolle Nutzung ihrer freien Zeit. Sozialisation und pädagogisch intendierte Bildung wirken dabei im Jugend- wie im Erwachsenenalter wechselseitig aufeinander ein.

Fragen & Aufgaben

1. Inwieweit ist von Zusammenhängen zwischen bürgerschaftlichem und freiwilligem Engagement und informellem Lernen auszugehen?
2. Welche Bedeutung haben kulturpädagogische Initiativen für die Sozialisation von Erwachsenen in der arbeitsfreien Zeit?
3. Welche Bedeutung hat freiwilliges und bürgerschaftliches Engagement aus sozialisationstheoretischer Sicht?

Tipps zum Weiterlesen

Aktionsrat Bildung. (2020). *Bildung zu demokratischer Kompetenz*. Münster: Waxmann.

Dieses Gutachten gibt einen den gesamten Bildungsweg umfassenden Überblick über das politische Lernen und das bürgerschaftliche Engagement. Demokratie wird nicht nur als Staatsform, sondern auch als Lebensform gesehen. Dabei werden auch die Defizite in diesem wichtigen Lern- und Sozialisationsbereich deutlich.

Liebau, E. (2007). Kultur- und Freizeitpädagogik. In H.-E. Tenorth & R. Tippelt (Hrsg.), *Lexikon Pädagogik* (S. 428–431). Weinheim: Beltz.

Freizeitaktivitäten werden häufig durch kulturelle und kulturpädagogische Aktivitäten geprägt. Dieser Beitrag zeigt lebenswelt- und bereichsspezifische Handlungsformen des Freizeitverhaltens auf, an die die Erwachsenenbildung zielgruppen- und teilnehmerorientiert anknüpfen kann.

Jörissen, B., Liebau, E., Lohwasser, D., Klepacki, L., Werner, F., Wagner, E. & Hartmann, S. (2014). Forschung zur Kulturellen Bildung in Deutschland seit 1990 – Bestand und Perspektiven. Ein Projektbericht. In Bundesministerium für Bildung und Forschung. (Hrsg.), *Perspektiven der Forschung zur kulturellen Bildung* (S. 13–18). Bonn: BMBF.

Die große Bedeutung, aber auch die Forschungsdefizite im Bereich der kulturellen Bildung werden in diesem Projektbericht für die letzten 30 Jahre aufgezeigt. Kulturelle Bildung erfolgt hiernach sowohl formal, non-formal als auch informell.

Autorengruppe Bildungsberichterstattung. (2020). *Bildung in Deutschland 2020. Ein indikatorengestützter Bericht mit einer Analyse zu Bildung in einer digitalisierten Welt.* Bielefeld: Wbv Publikation.

Wenngleich der Nationale Bildungsbericht in erster Linie das formale und non-formale Bildungssystem in Deutschland an messbaren Indikatoren empirisch beschreibt – und dies seit 2006 in zweijährigen Abständen für alle Bereiche des Bildungssystems – hat der letzte Bericht doch auch zahlreiche Implikationen für das informelle digitale Lernen in der freien Zeit. Besonders deutlich wird, wie nötig das professionalisierte Personal fortgebildet werden muss, damit die Lernenden an den heute mannigfaltigen Lernorten – auch in der Freizeit – ihre Lernmöglichkeiten voll ausschöpfen können.

TEIL 3

Erforschen von sozialer Ungleichheit als Herausforderung für die Praxis der Erwachsenen- und Weiterbildung

11

Soziostrukturelle und generative Rahmenbedingungen

In diesem Kapitel wird die Abhängigkeit der lebenslangen Veränderungsprozesse durch Sozialisation und informelles Lernen vom Bildungshintergrund sowie von der sozialen Herkunft, also von den soziostrukturellen Bedingungen, erläutert. Dabei werden beteiligte Sozialisationsinstanzen wie auch Übergänge im Lebenslauf als diesen Veränderungsprozess initiierende Aspekte betrachtet. Des Weiteren wird erörtert, inwiefern alters- und generationenbedingte Rahmenbedingungen Einfluss auf die Erwachsenensozialisation nehmen.

Lernziele

- darlegen können, inwieweit der Bildungshintergrund und die soziale Herkunft von Erwachsenen als Faktoren der sozialen Ungleichheit und der pädagogischen Differenzierung verstanden werden können
- altersbedingte Chancen und Verluste als Rahmenbedingungen für Erwachsenensozialisation und informelles Lernen im Erwachsenenalter erkennen können

Sonja A. ist Kursleitende vor allem im Bereich der Alphabetisierung und Grundbildung, aber als freiberuflich Arbeitende gibt sie auch Kurse im Seniorenprogramm einer Volkshochschule. Sie investiert Zeit in ihre Fortbildung, weil sie davon überzeugt ist, dass eine weitere Professionalisierung ihr und besonders ihren Kursteilnehmenden zugutekommt. Sie hat es besonders in den Alphabetisierungs- und Grundbildungskursen mit Menschen zu tun, die eine schwierige Lernbiografie haben. Sie will und sie muss sich in die besonderen Bildungsvoraussetzungen, in die manchmal problematischen Sozialisationsbedingungen ihrer Zielgruppen hineindenken können. Sie braucht Fortbildungen, um ihr Lehren und ihre Beratung mit den besonderen Motiven, Erwartungen und Möglichkeiten ihrer Teilnehmenden abzustimmen. Sonja ist überzeugt, dass sich die Lernchancen aller verbessern, wenn sie ihr Angebot individuell und teilnehmerorientiert präsentieren und durchführen kann.

11.1 Soziale Herkunft und Bildungshintergrund

„Sozialisation" ist grundsätzlich als lebenslanger Prozess zu verstehen und beschreibt in Anlehnung an Klaus Hurrelmann (2012) über die Lebensphase erforderliche Prozesse der aktiven Auseinandersetzung des Individuums mit sich verändernden Umwelten und auch immer wieder *neuen Lebenssituationen* (→ Kap. 1).

Merksatz

Eine besondere Rolle bei Sozialisations- und Lernprozessen im Erwachsenenalter spielen Übergänge im Lebenslauf (Walther & Stauber, 2018), die in der Regel mit dem Eintritt in neue Lebensbereiche und/oder neue Lebensabschnitte verbunden sind und dementsprechend Ausgangspunkte intensivierter Sozialisationsprozesse darstellen.

Während die klassische Übergangsforschung mit ihrer Fokussierung auf Kindheit und Jugend vor allem in frühen Lebensphasen eine Verdichtung von Übergängen nahelegt, verweisen jüngere Forschungsarbeiten auf unterschiedliche Formen von Übergängen, auch im mittleren und höheren Erwachsenenalter (Walther & Stauber, 2018). So sind familiale (z. B. Elternschaft, Scheidung, Großelternschaft) und berufliche Veränderungen (z. B. Arbeitgeberwechsel, Aufstieg, Arbeitslosigkeit, Rente) sozialisationsrelevante Ereignisse, die die aktive Auseinandersetzung mit einer neuen Lebenssituation erfordern (→ Kap. 2.2). Ähnliches gilt für kritische Lebensereignisse, wie den Tod der Partnerin oder des Partners, eine schwere Erkrankung oder den Übergang in die Pflegebedürftigkeit. All diese Ereignisse sind mit neuen Anforderungen an die Betroffenen verbunden, erfordern von diesen die Auseinandersetzung mit neuen institutionellen Rahmungen, veränderten Rollen und/oder einem neuen sozialen Umfeld. Diese Veränderungsprozesse haben auch im Erwachsenenalter *identitätsveränderndes Potenzial*, wenngleich die klassische Identitätsforschung davon ausgeht, dass sich die grundlegende Ich-Identität in der Jugend ausbildet und danach weitgehend stabilisiert (Erikson, 1988). Jüngere Identitätskonzepte hingegen gehen von unterschiedlichen, parallelen Identitäten oder Identitätsfacetten aus, die lebensbereichsspezifisch und über die gesamte Lebensspanne veränderbar und veränderungsbedürftig bleiben (Keupp, 2013).

Sozialisationsprozesse lassen sich auch über die jeweils beteiligten Sozialisationsinstanzen beschreiben.

Sind in der frühen Kindheit die Eltern und die Familie, zunehmend aber auch frühpädagogische Einrichtungen zentrale Sozialisationsagenten, so kommt mit Erreichen des Schulalters eine weitere wesentliche institutionelle Sozialisationsinstanz hinzu, und der Einfluss der Gleichaltrigen wächst von der frühen Kindheit an kontinuierlich bis in die Jugendphase, wo die sogenannte *Peergroup* nicht selten zum zentralen Bezugspunkt wird. Während die Schule und andere Bildungsinstitutionen oft als Kontrast zum familialen Kontext wahrgenommen werden (Parsons, 1964), weisen Peergroups nicht nur milieubezogen häufig eine starke Ähnlichkeit mit den Herkunftsfamilien auf, beispielsweise bezüglich der Regeln und Kulturen des Umgangs miteinander.

Die Bedeutung von Gleichaltrigen scheint spätestens im mittleren Erwachsenenalter deutlich nachzulassen, hingegen kann von einer Fortsetzung *familialer Sozialisation* – dann in der selbst gegründeten Familie – ausgegangen werden (→ Kap. 5.4). Zwar werden diese Prozesse oft nicht unter sozialisationstheoretischen Perspektiven verhandelt, aber die sozialwissenschaftlichen Analysen zu Phasen der Familiengründung, Elternschaft und später Großelternschaft verweisen deutlich darauf, dass sich innerfamiliale Sozialisationsprozesse nicht auf Minderjährige beschränken.

In der Jugend bzw. im frühen Erwachsenenalter kommen *berufliche Kontexte* als weiteres Sozialisationsfeld (tertiäre Sozialisation) hinzu (→ Kap. 7). Dabei wird nicht nur dem organisationalen bzw. betrieblichen Umfeld, in dem berufliche Entwicklung stattfindet, eine wesentliche Sozialisationsfunktion zugeschrieben, sondern der mit der Arbeit einhergehenden produktiven Tätigkeit insgesamt, die nicht nur in marxistischen Theorien als wesentlicher Motor der Persönlichkeitsentwicklung beschrieben wird (Corsten, 2010).

Die lebensphasenübergreifende Sozialisationsfunktion von *Medien* wurde bereits an anderer Stelle thematisiert (→ Kap. 9), wobei die Medienwahl und die Nutzung medialer Angebote auch in späteren Lebensphasen von frühen Mediensozialisationserfahrungen geprägt zu sein scheint (Schäffer, 2003). In diesem Sinne könnten Sozialisationserfahrungen zu einem gewissen Grad auch als selbstreferenziell beschrieben werden, da aktuelle Sozialisationserfahrungen über den Zugang zu bestimmten Erfahrungswelten durch vorangegangene Sozialisationsprozesse beeinflusst sind (auch Buck, 1967).

11.2 Generationszugehörigkeit und Alter

Wenn Erwachsene ihre erste formale Bildungsphase abschließen und in das Erwerbssystem übergehen, machen sie in der Regel deutliche Erfahrungen von Konkurrenz um die attraktivsten Arbeitsplätze und erleben sich dabei als Gewinner oder Verlierer in diesem Wettbewerb. Für Erfolg oder Misserfolg sind aber nicht nur individuelles Können, Kompetenzen und die Performanz in Bewerbungsprozessen relevant, sondern auch die *soziale Herkunft und das Alter* der Sich-Bewerbenden (→ Kap. 2.2). Personen aus niedrigeren sozialen Schichten fehlt unter Umständen das soziale Kapital, um sich in Bewerbungsprozessen aussichtsreich zu positionieren, und älteren Erwerbssuchenden wird häufig pauschal eine geringere Lernbereitschaft und -fähigkeit unterstellt. Diese Stereotype und Diskriminierungserfahrungen sind sozialisationsrelevant und beeinträchtigen auch das Lern- und Bildungsverhalten im Erwachsenenalter.

Merksatz

Ähnlich wie Sozialisationsprozesse ist auch informelles Lernen einerseits von vorangegangenen Erfahrungen und andererseits von dem aktuellen Zugang zu Lern- und Erfahrungsräumen bestimmt.

Inwieweit eine Person die Möglichkeit hat, bestimmte lernrelevante Erfahrungen zu machen (z. B. den Besuch von Museen, die Übernahme einer Führungsaufgabe oder die Erziehung eigener Kinder), hängt somit sowohl von der jeweiligen Lebensphase als auch von der Lebenslage ab. Die Möglichkeit, sich Wissen über Länder und Kulturen und interkulturelle Kompetenzen durch Reisen in die ganze Welt anzueignen, setzt die entsprechenden ökonomischen Ressourcen voraus. Auch der Bildungshintergrund spielt eine Rolle für den Zugang zu bestimmten Erfahrungswelten. So bleiben manche beruflichen Lernfelder in der Regel formal Höherqualifizierten vorbehalten, beispielsweise die Übernahme von Führungsverantwortung oder eine Entsendung ins Ausland. Die Möglichkeiten informellen Erfahrungslernens sind also *sozial ungleich verteilt.*

Im Anschluss an Pierre F. Bourdieus (1997) Differenzierung unterschiedlicher Formen kulturellen Kapitals lässt sich auch festhalten, dass der Zugang zu kulturellen Gütern (z. B. Kunst, klassische Musik, Lyrik) erworbenes Wissen und Fähigkeiten voraussetzt, das heißt, dass diese Güter zwar von jedem erfahren werden können, die Relevanz dieser Erfahrung aber von *vorangegangen Sozialisations- und Bildungserfahrungen* abhängt. Andere informelle Lernkontexte sind zumindest insofern abhängig von Lebensphasen, als dass lernrelevante Erfahrungen in bestimmten Lebensabschnitten wahrscheinlicher werden als in anderen und sich Erfahrungskontexte in Abhängigkeit vom Lebensalter anders darstellen. Beispielsweise wird in der Familie im Kindesalter anderes gelernt (z. B. Verhaltensnormen, Kulturtechniken) als im frühen Erwachsenenalter (z. B. Übernahme von Verantwortung und Erziehungsaufgaben) oder im höheren Erwachsenenalter (z. B. Generativität, Umgang mit neuen Technologien) (Thalhammer & Schmidt-Hertha, i. D.).

Dabei stellt sich auch die Frage, inwieweit sich das Lernen selbst als kognitiver Prozess in *Abhängigkeit vom Alter* verändert. Aus neurowissenschaftlicher Perspektive gilt das Jugendalter als ein zentraler Wendepunkt in der physiologischen Entwicklung des Gehirns. Mit Ende der Pubertät werden bestehende neuronale Strukturen tendenziell stabiler, und neue Verknüpfungen bauen sich nicht mehr in der gleichen Geschwindigkeit auf (Spitzer, 2003).

Studie

Die Befunde zur Abhängigkeit des Lernvermögens vom Alter korrespondieren mit pädagogischen Arbeiten, die darauf verweisen, dass Erwachsene neue Informationen und Erfahrungen zunächst mit ihrem Vorwissen abgleichen und in dieses zu integrieren versuchen, während eine grundlegende Veränderung kognitiver Konzepte nicht mehr so schnell erfolgt wie im Kindesalter (Sander & Hohenstein, 2006). Gleichzeitig zeigen neuere gerontologische Studien, dass trotz einer im Bevölkerungsdurchschnitt mit dem Alter etwas nachlassenden Informationsverarbeitungsgeschwindigkeit (fluide Intelligenz), Lernleistungen und -kapazitäten vor allem von individuellen Verhaltensmustern abhängen und nicht von biologischen Veränderungen.

Grundsätzlich ist Lernen – außer bei schweren neurologischen Erkrankungen – jedoch für jeden in jeder Lebensphase möglich. Ob jemand bis ins hohe Alter so schnell und nachhaltig lernt wie in jungen Jahren, hängt aber vor allem von der *Lerngewöhnung* ab – also von der Frage, inwieweit auch im Erwachsenenalter immer wieder neue Lern- und Bildungsprozesse angestoßen wurden (Überblick bei Schmidt-Hertha, 2014). Da informelles Lernen Lernkompetenzen voraussetzt oder durch diese zumindest deutlich erleichtert wird und diese Kompetenzen häufig schon in Kindheit und Jugend (insbesondere in Schule, Ausbildung und Studium) aufgebaut werden, sind auch in diesem Bereich kumulierende Bildungsdisparitäten zu erwarten.

Merksatz

Diejenigen, die besser auf selbstgesteuertes Lernen vorbereitet sind – und das schließt auch die motivationale Ebene ein – werden dies mit höherer Wahrscheinlichkeit über die Lebensspanne intensiver umsetzen und so die eigenen Lernfähigkeiten weiter ausbauen und entwickeln. Die Differenzen zwischen Lern*aktiven* und Lern*passiven* werden über die Lebensspanne also tendenziell größer, sind aber nie irreversibel und immer auch abhängig von Lerngelegenheiten.

Diese Differenzen spiegeln sich zugleich im *Erwerb von Kompetenzen* wider. Nicht nur im beruflichen Bereich werden Kompetenzen vor allem auch informell erworben, beispielsweise durch die Auseinandersetzung mit neuen Aufgaben und Anforderungen. Dabei scheint es auf die Balance von neuen herausfordernden Aufgaben und Routinetätigkeiten anzukommen, so dass eine leichte (aber nicht völlige) Überforderung als besonders lernwirksam hinsichtlich Kompetenzentwicklung angesehen werden kann, aber auch die Teilnahme an organisierten Lernprozessen wahrscheinlicher macht. Empirisch lässt sich das beispielsweise anhand der Daten aus der deutschen PIAAC-Studie (*Programme for International Assessment of Adult Competences*) nachweisen, die zeigen, dass Personen, deren Arbeitsplatz eigentlich eine etwas höhere Formalqualifikation erfordert als sie selbst besitzen, häufiger an beruflicher Weiterbildung teilnehmen als andere (Schmidt-Hertha & Rees, 2017). Kompetenzentwicklung ist in diesem Sinne in hohem Maße auf Lerngelegenheiten und -anreize und auf Anforderungsstrukturen in unterschiedlichen Lebensbereichen angewiesen.

Gleiches gilt auch für den *Kompetenzerhalt* im Erwachsenenalter. Der Slogan *„use it or loose it"* verweist auf die Gefahr, ungenutzte Kompetenzen mit der Zeit zu verlieren. Auch dies lässt sich beispielsweise anhand der PIAAC-Daten nachvollziehen, die – auch international – zeigen, dass ältere Erwachsene durchschnittlich geringere Lese- und mathematische Kompetenzen haben als jüngere (OECD, 2013). Diese Differenzen können unter anderem auf im Alltag seltener auftretende Situationen, die Lese- oder mathematische Kompetenzen abrufen, zurückgeführt werden, als das in der Phase schulischer oder beruflicher Erstausbildung der Fall ist.

Wenngleich frühe Sozialisationserfahrungen und Bedingungen des Aufwachsens auch für spätere Kompetenzentwicklungsprozesse relevant bleiben, realisiert sich Kompetenzentwicklung demnach in jeder Lebensphase. Die von Paul B. Baltes (1987) aus Perspektive der Lebensspannenpsychologie formulierten Grundsätze kognitiver Entwicklung können ebenso für die Beschreibung von Kompetenzentwicklungsprozessen herangezogen werden (Schmidt-Hertha & Tippelt, 2013).

Wissenswert

Sozialisation und Entwicklung im Erwachsenenalter ist in erster Linie durch *Anpassungsfähigkeit* gekennzeichnet. Diese Anpassungsfähigkeit kann gleichzeitig von Gewinn und von Verlust geprägt sein, ist also starken Veränderungen unterworfen und spiegelt sich auf unterschiedlichen Ebenen psychischer und physischer Entwicklung wider. Mit dem Verweis auf Multidimensionalität und Multidirektionalität der Entwicklung im Erwachsenenalter betont Paul B. Baltes (2000), dass sich verschiedene Leistungs- und Kompetenzbereiche unabhängig voneinander entwickeln und dort zu verzeichnende Veränderungen grundsätzlich umkehrbar sind. Entwicklungsprozesse sind dabei nur in ihren historischen, kulturellen, alters- und lebenszeitgebundenen Bedingungen zu verstehen und werden von diesen Rahmungen beeinflusst. Kompetentes Handeln insbesondere älterer Erwachsener ist schließlich auch auf die Interaktion von Selektions-, Optimierungs- und Kompensationsprozessen zurückzuführen, die unter anderem den konstruktiven Umgang mit altersbedingten Entwicklungsverlusten ermöglichen.

Bislang orientieren sich kompetenzbezogene Anforderungen an Erwachsene sehr stark an allgemeinen Kulturtechniken (Lesen, Schreiben, Mediennutzung) einerseits und beruflichen Verwertungszusammenhängen andererseits, die dann als grundsätzlich und lebensphasenübergreifend bedeutsam angenommen werden. Weniger

Lebensphasenbezogene Kompetenzen beziehen sich auf Lernthemen, die in einer bestimmten Lebenssituation bedeutsam sind.

im Blick war lange Zeit die Frage nach *lebensphasenbezogenen Kompetenzen,* die sich an den Anforderungen einzelner Lebensabschnitte orientieren. Während in der Entwicklungspsychologie Konzepte vorliegen, die konkrete Entwicklungsaufgaben in Kindheit und Jugend beschreiben (z. B. Identitätsentwicklung, Ablösung vom Elternhaus), liefert insbesondere die Gerontologie Hinweise auf spezifische Herausforderungen im höheren Erwachsenenalter (z. B. Umgang mit Verlusten, Generativität, aktive Teilhabe trotz Abhängigkeit). Diese Lebensphasen erfordern besondere Fähigkeiten zur Bewältigung dieser spezifischen Herausforderungen, bieten aber gleichzeitig auch für andere Lebensabschnitte relevante Erfahrungs- und Lernmöglichkeiten.

Dabei handelt es sich um Themen, die aufgrund der jeweiligen Lebenssituation und Lebensphase mit höherer oder geringerer Wahrscheinlichkeit zu *informellen Lernthemen* werden. Während im frühen und mittleren Erwachsenenalter hier berufliche Themen aber auch Fragen bezüglich Familiengründung und Kindererziehung wesentliche Lernfelder sind, werden im höheren Erwachsenenalter andere Themen vordergründig. Dazu gehört beispielsweise der Bereich Gesundheit und Pflege – sei es aufgrund eigener gesundheitlicher Einschränkungen oder aufgrund von Erkrankung oder Pflegebedürftigkeit der Partnerin bzw. des Partners. Insbesondere präventive Aktivitäten zum Erhalt physischer und kognitiver Leistungsfähigkeit sind für viele Ältere vor allem informelle Lern- und Betätigungsfelder, beispielsweise in Form von kognitiv stimulierenden Aktivitäten (wie Kreuzworträtsel und Sudoku) oder sportlicher Betätigung (Theisen & Sinner, 2009). Dabei sind nicht nur ein gesunder Lebensstil und die Auseinandersetzung mit gesundheitsbezogenen Themen bedeutsame informelle Lernfelder, sondern es geht – sehr viel grundlegender – auch um die Befähigung, gesundheitsrelevante Informationen zu finden, zu dekodieren und für die eigenen Fragen nutzbar zu machen.

Merksatz

Die Kompetenz im Bereich der Gesundheit wird international auch unter dem Stichwort *„health literacy"* (Feinberg, Tighe, Greenberg & Mavreles, 2018) verhandelt und spielt in zweierlei Hinsicht im höheren Erwachsenenalter eine besondere Rolle: Zum einen steigt mit zunehmendem Alter der gesundheitsbezogene Informationsbedarf aufgrund gesundheitlicher Probleme und/oder der gesteigerten Bedeutung präventiver Gesundheitsförderung. Zum anderen verändern sich Informationswege und -quellen. Und Ältere sehen sich mit der Herausforderung konfrontiert, gerade die an Bedeutung kontinuierlich zunehmenden digitalen Medien adäquat zur Informationsbeschaffung zu nutzen.

Für die *Gesundheitskompetenz* spielt intergenerationelles Lernen – gerade auch innerhalb der Familie – eine wesentliche Rolle, da beispielsweise die eigenen Kinder oder Enkelkinder nicht nur als Ansprechpersonen bei Fragen zur Nutzung digitaler Ressourcen herangezogen werden, sondern auch eine wesentliche Motivationsquelle zur Auseinandersetzung mit modernen Medien sein können (Thalhammer, 2017).

Ein Zusammenhang zwischen Lernaktivitäten und Gesundheit besteht aber auch insofern, als dass Lernen eine in vielerlei Hinsicht positive Wirkung auf Gesundheit und Wohlbefinden hat. So belegt eine aktuelle Studie auch für Deutschland positive Effekte von Weiterbildung auf die physische und psychische Gesundheit Älterer, wobei hier allerdings organisierte Bildungsangebote im Fokus standen. Umgekehrt sind gesundheitliche Einschränkungen auch Barrieren für die Teilnahme an organisierten Bildungsangeboten.

Für informelle Lernaktivitäten verweisen empirische Studien auf einen Zusammenhang mit dem *subjektiven Altersbild*.

Definition

Altersbilder

Altersbilder sind die Vorstellungen, die Erwachsene vom Alter haben. Sie haben starke Effekte auf Gesundheit und Wohlbefinden und sind selbst das Produkt von Sozialisations- und Lernprozessen. Sie werden geprägt durch kulturell und subkulturell verankerte Vorstellungen vom Alter und Altern, sind aber auch von der Formalbildung abhängig, das heißt, dass höher gebildete Personen mit höherer Wahrscheinlichkeit optimistischere Vorstellungen mit dem Alter verbinden.

Wenn mit zunehmendem Alter vor allem Krankheit und Abhängigkeit von Unterstützungssystemen sowie kognitive Verluste erwartet werden, so ziehen sich Menschen eher zurück und sind allgemein weniger aktiv. Dadurch reduzieren sich auch informelle Lernmöglichkeiten und -anreize. Bei einem positiven Altersbild hingegen dominiert die Vorstellung, dass Altern mit zunehmender Erfahrung, Gelassenheit und mehr Handlungsfreiheit verbunden ist. Dieser Blick auf die Lebensphase Alter erhöht die Wahrscheinlichkeit einer aktiven Lebensgestaltung und eines gesunden Alterns sowie auch die Beteiligung an informellen Lernprozessen (Schmidt-Hertha & Mühlbauer, 2012).

In erster Linie informell werden auch solche Kompetenzen im Erwachsenenalter erworben, die nicht lebensphasenbezogen sind (wie Gesundheitskompetenz), sondern über die gesamte Lebensspanne hinweg aufgebaut werden. Hierzu zählt das Konstrukt *Weisheit* (Baltes & Staudinger, 2000).

Definition

Weisheit

Weisheit wird in der Lebensspannenpsychologie verstanden als besonders herausragende Problemlösefähigkeit, bezogen auf schwierige Lebenssituationen und Lebensentscheidungen, und setzt Lebenserfahrung voraus. Daher wird das Erreichen eines gewissen Alters als notwendige Voraussetzung für Weisheit gesehen, aber keineswegs jede ältere Person erlangt diese Weisheit.

11.3 Zusammenfassung

Sozialisations- und Lernprozesse im Erwachsenenalter sind abhängig von der jeweiligen Lebenssituation und Lebensphase und bauen immer auf vorangegangenen Erfahrungen und bisher Erlerntem auf. Sozialisation und informelles Lernen können nie als isolierte Ereignisse betrachtet werden, sondern sind nur vor dem biografischen und lebensweltlichen Hintergrund einer Person zu verstehen. Eine höhere Formalbildung wirkt dabei positiv auf die Beteiligung an weiterem organisiertem, aber auch informellem Lernen, so dass Bildungsunterschiede nicht nur mit Blick auf formales und non-formales Lernen über die Lebensspanne wachsen, sondern auch informelles Lernen die Differenz zwischen Bildungsaktiven und Bildungsfernen eher vergrößert als abbaut.

Fragen & Aufgaben

1. Welche Rolle spielt die Familie als Sozialisationsinstanz im Erwachsenenalter?
2. Welchen Beitrag kann informelles Lernen im Erwachsenenalter zum Erhalt von Gesundheit leisten?
3. Erläutern Sie die Auswirkungen der vorangegangenen Lebenserfahrungen und der Lebensphase auf das informelle Lernen im Erwachsenenalter.
4. Was versteht man unter intergenerationellem Lernen und warum ist dieses wichtig?

Tipps zum Weiterlesen

Gebrande, J. & Friebe, J. (2015). Grundkompetenzen, Bildungsverhalten und Lernen im höheren Lebensalter. Ergebnisse der Studie „Competencies in Later Life" (CiLL), *Zeitschrift für Pädagogik, 61*(2), 192–204.

Für Deutschland wurden in einer vom DIE in Bonn und der LMU München initiierten Studie auch die Kompetenzen der über 65-Jährigen in einem mehrstufigen quantitativen und qualitativen Forschungsprojekt erfasst und reflektiert. Es zeigen sich auch bei den Älteren erhebliche Wirkungen der sozialen Herkunft und der eigenen Bildung auf die Lese- und Rechenkompetenz.

Tippelt, R., Schmidt, B., Schnurr, S., Sinner, S. & Theisen, C. (Hrsg.). (2009a). *Bildung Älterer – Chancen im demographischen Wandel.* Bielefeld: W. Bertelsmann.

In dieser für die 45- bis 80-Jährigen repräsentativen Studie werden die Wirkungen des demografischen Wandels auf das Lernen der älteren Generation analysiert. Dabei werden die quantitativ-repräsentativen Daten mit qualitativ-explorativen Untersuchungsbausteinen verbunden. Für die Sozialisation, die Bildung und vor allem für das informelle Lernen von Älteren werden erstmals zielorientiert Informationen gesammelt, die sowohl die Politik der Weiterbildung als auch die Weiterbildungspraxis mit diesen kompetenten und derzeit größer werdenden Altersgruppen anregen kann. Einige Jahre später schloss sich hier eine weitere repräsentative Alternsstudie an, die im Einklang mit der internationalen PIAAC-Forschung die Lese- und Rechenkompetenzen der Älteren analysiert und sowohl auf die vorhandenen Kompetenzen als auf den Förderbedarf hinweist (Gebrande & Friebe, 2015).

OECD. (2013). *Education at a glance. OECD indicators*. Paris: OECD. Verfügbar unter http://www.oecd.org/education/eag2013 %20(eng)--FINAL %2020 %20June %202013.pdf
In diesem jährlich erscheinenden Kompendium der internationalen Bildungsvergleiche werden auch die – im Anschluss an die für die 15-Jährigen repräsentativen Kompetenzmessungen von PISA – sehr interessanten PIAAC-Ergebnisse dargestellt. Bei PIAAC werden die Lese-, Rechen- und Problemlösekompetenzen der erwachsenen Bevölkerung bis zu den 65-Jährigen erfasst. Für Deutschland werden umfangreiche und spezifische Auswertungen vom Leibniz-Institut ZUMA (Mannheim) veröffentlicht. Die PIAAC-Studie befindet sich in der Replikation, so dass Veränderungen feststellbar sind.

12

Soziale Unterschiede von Sozialisation und informellem Lernverhalten im Erwachsenenalter

Abstract

In diesem Kapitel geht es darum, die soziokulturellen Rahmenbedingungen der Sozialisation genauer zu beschreiben. Dazu wird die Milieuforschung dargestellt, wobei das Konzept der sozialen Milieus in der Lebensweltforschung wurzelt. Migrantinnen und Migranten entfalten durchaus eigene soziale Milieus. Durch die Berücksichtigung von soziokulturellen Unterschieden der Bevölkerung unterstützt die Milieuforschung in der Anwendung ihrer Ergebnisse die Teilnehmer- und Nutzerorientierung in der Erwachsenenbildung und trägt damit zu mehr sozialer Gerechtigkeit bei.

Lernziele

- soziale Milieus als Modell der sozialen Differenzierung erfassen und erwachsenenpädagogische Konsequenzen formulieren können
- Migration als einen Faktor der sozialen Ungleichheit und der kulturellen Verschiedenheit begreifen und die Herausforderungen an die Erwachsenen- und Weiterbildung ableiten können
- die Bedeutung von sozialer Integration und Inklusion für die Praxis der Erwachsenen- und Weiterbildung reflektieren können

Charly Schmidinger ist in einem Arbeiterviertel einer Großstadt aufgewachsen. Die meisten seiner Freunde und Bekannten haben nach der Pflichtschulzeit eine Berufsausbildung absolviert und waren früh ökonomisch unabhängig. Weiterbildung ist in seiner Wahrnehmung eine Notwendigkeit, der man sich in beruflichen Kontexten nicht entziehen kann und die sich über die Absicherung des eigenen Arbeitsplatzes legitimiert. Dabei nimmt er Lernen und Bildung als etwas wahr, das ihm weniger liegt als anderen, als Anstrengung, die sich nur über ihren Beitrag zur Sicherung beruflicher Perspektiven rechtfertigt. Diese Haltung gegenüber Lernen und Bildung hat er schon bei seinen Eltern erlebt, teilt sie mit seinem sozialen Umfeld und geht unhinterfragt davon aus, dass dieser funktionalistische Blick auf Lernen und Bildung auch jenseits seines Milieus anerkannt wird.

12.1 Soziokulturelle Rahmenbedingungen und Sozialisation in sozialen Milieus

Die *soziale Milieuforschung* versucht, von den jeweiligen Personen als verständlich angesehene Haltungen und deren intergenerative Weitergabe zu beschreiben und zu verstehen. Das Konzept der Milieuforschung wurzelt in der Lebensweltforschung (Schütz & Luckmann, 1990) und hebt die soziokulturellen Rahmenbedingungen der Sozialisation hervor (→ Kap. 2.2). Darüber hinaus unterstützt die Milieuforschung in der Anwendung ihrer Ergebnisse die Teilnehmer- und Nutzerorientierung in der Erwachsenenbildung (Barz & Tippelt, 2010).

Eine der einflussreichen internationalen Forschungstraditionen in der Milieuforschung ist die Arbeit des SINUS-Instituts in Heidelberg (Barz & Tippelt, 2004).

Wie die Lebensphilosophie (z. B. Husserl, 1986) betont auch die wissenschaftliche Modellierung soziokultureller Milieus die Bedeutung der Erfahrungen und des Erlebens von Menschen sowie die Bedeutung der kulturellen und ästhetischen Prägungen, die man während der Sozialisation in den Herkunftsmilieus erfahren hat. Sowohl lebensphilosophische Interpretationen wie auch empirische Milieuanalysen versuchen, die subjektive Konstruktion der Wirklichkeit durch Individuen in ihren jeweiligen sozialen und kulturellen Bezugsgruppen zu verstehen.

Die Unterschiede und damit Ungleichheiten zwischen soziokulturellen Gruppen werden mithilfe klar zugeschnittener *Milieu-Profile* erforscht. Angesichts der zunehmenden Individualisierung in postmodernen Gesellschaften und der fortschreitenden Differenzierung von Lebensweltkonzepten kann die Milieuforschung Hinweise auf soziokulturelle Rahmenbedingungen der Sozialisation anbieten, allerdings ohne die Entwicklung der kulturellen Werte und Lebensstile erklären zu können. Sozialisationstheoretisch betrachtet, ist die soziale Milieuforschung deskriptiv, aber gleichzeitig in der Lage, feine soziokulturelle Differenzierungen zwischen sozialen Gruppen aufzuzeigen. Es geht darum, auf der Basis soziodemografischer und soziokultureller Dimensionen die jeweiligen Werte, Lebensorientierungen und Einstellungen zu klassifizieren, um dann zielgerichtet makro- und mikrodidaktisches Handeln planen zu können.

Die soziale Milieuforschung beschreibt sozioökonomische und soziodemografische Unterschiede in der Gesellschaft.

Außerschulische Bildung ist ein besonders interessanter Fall, da sie von Freiwilligkeit der Teilnahme, dem Fehlen eines verbindlichen Bildungskanons sowie der Notwendigkeit der Anpassung der zu präsentierenden Inhalte an die Interessen und Möglichkeiten der Zielgruppen geprägt ist. Die Teilnehmenden bringen immer eine eigene Sozialisationsgeschichte und Bildungsbiografie mit, die von den Herkunftsmilieus geprägt ist. Das Lernen in Programmen und Kursen baut also immer schon auf soziokulturell differenzierte Lernerfahrungen auf und ist folglich ein *Anschlusslernen*. Dies ist von großer Bedeutung für die Entwicklung der didaktischen Konzepte in der allgemeinen, politischen und beruflichen Weiterbildung. Forschung und Praxis im Bildungsbereich haben – vor allem in der außerschulischen Bildung – klargemacht, dass die aktive Teilnahme an Veranstaltungen und Unterricht dann gelingt, wenn sich pädagogische Institutionen und Dozierende bei der Planung an den erwarteten Interessen der Teilnehmenden orientieren; diese sind wiederum stark durch ihre Sozialisation geformt. Insofern hängt die aktive Teilnahme auch von den Werten, Einstellungen, Lebensstilen und Lebensplänen – also vom Milieu der Lernenden – ab.

Lernen in der Erwachsenen- und Weiterbildung ist immer ein Anschlusslernen und fußt auf individuellen soziokulturellen Merkmalen.

Um nun die Suchbewegungen der Lernenden einerseits und die der Institutionen und Dozierenden andererseits adäquat aufeinander zu beziehen, sind wissenschaftliche Verfahren zur systematischen Erfassung der Interessen der Teilnehmenden zentral (Tippelt, Reich, Hippel, Barz & Baum, 2008). Im Wesentlichen geht es bei der Bildungsarbeit darum, *typische Muster* von soziokulturellen Werten, Einstellungen und Lebensstilen zu finden, um den Anforderungen einer pluralisierten und hoch differenzierten Bevölkerung gerecht zu werden. Dabei besteht nicht nur die Möglichkeit, den durch ihre Sozialisation sehr heterogenen Gruppen gerecht zu werden, sondern es geht auch darum, diese Heterogenität zu nutzen, weil die soziokulturell verschiedenen Gruppen jeweils voneinander lernen können.

Die typischen soziokulturellen Muster spiegeln sich im sozialen Status und den Grundorientierungen wider. Der soziale Status (vertikale Differenzierung) wird durch Einkommen, Bildungsstand und Berufsstatus definiert, während Werte und Lebensstile (horizontale Differenzierung) Ausdruck von Grundorientierungen sind, die durch das jeweilige Alltagsbewusstsein, die jeweiligen Lebensziele und Lebensgewohnheiten, aber auch auf der Basis von ästhetischen Präferenzen beschrieben werden können. Diese Grundorientierungen sind das Ergebnis von heute sehr heterogenen pluralen Sozialisationsprozessen. Aus diesen Differenzen leiten sich unterschiedliche soziale Milieus ab (→ Kap. 2.2).

Merksatz

Soziokulturelle Milieus umfassen diejenigen Menschen, die sich gegenseitig in Bezug auf den sozialen Status (vertikale Differenzierung) sowie im Hinblick auf Werte, Einstellungen und Lebensstile (horizontale Differenzierung) ähneln. In gewissem Sinne bilden Milieus also *soziale Einheiten*.

Der soziale Status (*vertikale Differenzierung*) wird durch Einkommen, Bildungsstand und Berufsstatus definiert, während Werte und Lebensstile (*horizontale Differenzierung*) Ausdruck von Grundorientierungen sind, die durch das jeweilige Alltagsbewusstsein, die jeweiligen Lebensziele und Lebensgewohnheiten, aber auch auf der Basis von ästhetischen Präferenzen beschrieben werden können. Diese Grundorientierungen sind das Ergebnis von heute sehr heterogenen pluralen Sozialisationsprozessen.

Die in Abbildung 5 dargestellten Dimensionen führen bei der Untersuchung heutiger Gesellschaften zu einer *Milieu-Struktur*, die sich differenzieren lässt in traditionelle Milieus, moderne Mainstream-Milieus, etablierte, intellektuelle, modern-leistungsorientierte und konsumorientierte materialistische (prekäre) Segmente. Soziale Milieus sind nicht statisch zu sehen, sondern sie sind dynamisch und verändern sich mit dem gesellschaftlichen und sozialen Wandel.

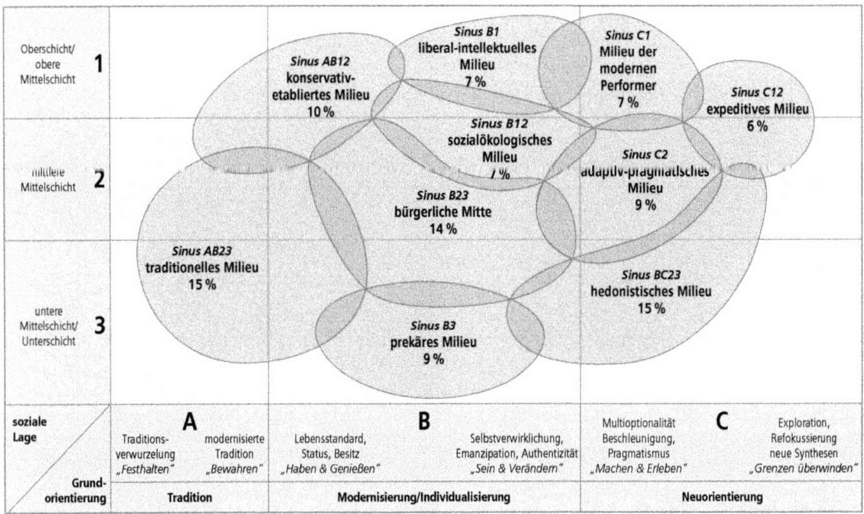

Abbildung 5: Soziale Milieus in Deutschland ab 2010 (Sinus, 2010)

In den letzten Jahren konnte man feststellen, dass jüngere Generationen im Vergleich zu ihren Eltern eher zu modernen und postmodernen Milieus tendieren. Sie wünschen sich damit auch einen sozialen Aufstieg. Folgt man dieser Beobachtung, kann selbst Sozialer Wandel im Zusammenhang mit der Milieuforschung umfassender beschrieben werden. So ist feststellbar, dass Biografien zunehmend entstandardisiert werden; einfache Lebensläufe, die – einmal geplant – ohne Veränderung fortschreiten, werden zur Ausnahme, Patchwork-Biografien, in denen disparate Erfahrungen zusammenkommen, können sich entfalten. Man kann dies auch „Individualisierung" nennen. Und in manchen Fällen schafft dies Freiheit, um beispielsweise neuen Interessen und Orientierungen nachzugehen. In anderen Fällen kann jedoch auch Orientierungslosigkeit entstehen. Die Notwendigkeit, eigene Lebenskonzepte zu entwerfen und damit das eigene Leben selbst zu gestalten (Beck, 1986) wird immer dringlicher. Dieser Wandel führt auch zu einer stark zunehmenden pragmatischen Haltung, denn jüngere Generationen orientieren sich weniger an abstrakten Utopien; für sie ist vielmehr die Verwirklichung konkreter Ziele (z. B. Ziele der Klimasicherheit und -verbesserung) entscheidend.

Vor dem Hintergrund solcher Trends ist es mit dem Milieu-Ansatz möglich, einzelne Milieus und deren Haltung zu Gesellschaft und Kultur genauer und auf explorative Weise zu beschreiben (Barz & Tippelt, 2004; Sinus, 2010; Tippelt, 2015). Die kurzen Charakterisierungen der jeweils dominierenden Einstellungen zu bzw. den Erwartungen gegenüber Bildung können Anknüpfungspunkte für didaktische Planungen bieten, sind aber immer das Resultat von Sozialisationsprozessen.

12.2 Beschreibungen der sozialen Milieus

Die detaillierten Beschreibungen von Milieus (→ Abb. 5) wurden auf Basis einer multimethodalen Studie gewonnen, die unter anderem über 160 Tiefeninterviews mit Angehörigen verschiedener Milieus umfasste (Barz & Tippelt, 2004). Aus diesen Daten ließ sich ein sehr genaues Bild von den Lebenswelten und Bildungseinstellungen der jeweiligen Milieus ableiten. Es werden folgende Milieus unterschieden:

- gehobene Milieus
- Mainstream-Milieus
- traditionelle Milieus
- prekär-hedonistische Milieus

Im Folgenden werden diese Milieus konkretisiert; dabei wird auf zentrale Werte, auf Bildungsinteressen und auf Altersgruppen eingegangen.

Gehobene Milieus

Das *konservativ-etablierte Milieu* (10 % der in Deutschland lebenden Personen mit deutscher Staatsangehörigkeit inklusive Menschen mit Migrationshintergrund) – das „Leitmilieu im traditionellen Segment“ (ebd.) – ist ein Milieu, das im traditionsorientierten Segment gesellschaftliche Trends setzt und einer auf Erfolg ausgerichteten Ethik auf der Basis konservativer bürgerlicher Werte (Pflicht- und Verantwortungsbewusstsein) folgt. Es teilt mit anderen Milieus einen grundlegenden, an Weiterentwicklung orientierten Optimismus und zeichnet sich durch ein starkes Selbstbewusstsein aus. Aus der soziodemografischen Perspektive sind hier vor allem mittlere Altersgruppen (30 bis 60 Jahre) mit Hochschulabschluss vertreten. Die Menschen sind gut etabliert und verfügen über ein hohes Einkommen. Die Teilnahme an außerschulischen Bildungsangeboten ist gering; sie wird vor allem für andere soziale Gruppen als nützlich erachtet. Kenntnisse, Informationen und Urteile über Kultur und Gesellschaft werden im vertrauten Kreis der Bekannten und Freunde besprochen.

Das *liberal-intellektuelle Milieu* (7 %) – die „aufgeklärte Bildungselite" (ebd.) – zeichnet sich durch eine liberale Grundhaltung, durch postmaterielle Werte (Toleranz, ganzheitliche Problemsicht, Emanzipation) und durch den Wunsch nach einem selbstbestimmten Leben aus. Die kulturellen Interessen der Menschen in diesem Milieu sind sehr breit und vielfältig. Wieder dominiert die Gruppe mittleren Alters. Hohe Bildungsabschlüsse sind Standard; dieses Milieu hat den höchsten Anteil an akademischen Abschlüssen. Im Hinblick auf Bildung bevorzugen die dem Milieu Zugehörigen eine jeweils individuelle Suche nach milieu-adäquaten Erfahrungen. Sie nehmen wenige Programmangebote von öffentlichen Weiterbildungsinstitutionen wahr, interessieren sich aber fundiert für vielfältige gesellschaftliche Fragen.

Das *sozialökologische Milieu* (7 %) – „Konsumenten mit normativen Vorstellungen vom ‚richtigen' Leben" (ebd.) – kennzeichnet ein ausgeprägtes ökologisches und soziales Gewissen in Verbindung mit gesellschaftspolitisch motiviertem Interesse an Gerechtigkeit und Solidarität. Die Menschen sehen sich als Globalisierungsskeptiker und fühlen sich Ideen demokratischer Werte bzw. kultureller Vielfalt verpflichtet. Dies führt zu einem starken Engagement für eine multikulturelle Gesellschaft. Das Bildungsniveau ist hoch. In diesem Milieu sind die Menschen sehr offen für außerschulische Bildungsangebote und auch für bürgerschaftliches Engagement, etwa im Gesundheitssektor oder im Umgang mit der Umwelt.

Das *Milieu der modernen Performer* (7 %) – „effizienzorientierte Top-Performer mit einer an der globalisierten Ökonomie orientierten Denkweise" (ebd.) – betrachtet sich selbst als die neue, multifunktionale Elite. Es ist ein sehr hohes Maß an IT- und Multimedia-Kompetenz vorhanden; Globalisierung wird wertgeschätzt. Dieses Milieu ist in seinem Segment Avantgarde, was Stil und Konsumverhalten betrifft – und ist sich dessen auch bewusst. Die Mehrheit ist zwischen 30 und 50 Jahre alt, Hochschulabsolventinnen und -absolventen dominieren. Das starke Interesse an Bildung wird vor allem online befriedigt; in der Erwachsenenbildung sind nur jene Einrichtungen und Angebote interessant, die höchste Qualitätsstandards erfüllen.

Mainstream-Milieus

Das *adaptiv-pragmatische Milieu* (9 %) – „der ehrgeizige, junge Kern der Gesellschaft" (ebd.) – zeichnet sich durch eine pragmatische Lebensanschauung aus. Werte werden eher utilitaristisch gesehen. Menschen, die zu diesem Milieu gehören, sind erfolgsorientiert. Dabei sehen sie ihre eigene hedonistische bzw. konventionelle Orientierung, ihr Bedürfnis nach Flexibilität und zugleich nach Sicherheit durchaus ambivalent. Die Mehrheit ist jünger als 40 Jahre; eine größere Gruppe lebt noch bei den Eltern. Diejenigen, die zu diesem Milieu gehören, haben durchschnittliche oder höhere Bildungsabschlüsse. Erwachsenenbildung und entsprechende Veranstaltungen werden besucht, wenn sie von etablierten, das heißt für diese Gruppe vertrauenswürdigen Institutionen angeboten werden.

Das *expeditive Milieu* (6 %) – die „ambitionierte, kreative Avantgarde“ (ebd.) – ist geistig und geographisch mobil, beschäftigt sich intensiv mit medialen Angeboten und ist gut vernetzt. Es ist wichtig für sie, laufend ihren eigenen Horizont zu erweitern und neue Herausforderungen anzunehmen. Die Vertreter dieses Milieus fühlen dabei ein starkes Verlangen nach Autonomie und Unabhängigkeit. Bei der Verfolgung ihrer persönlichen Ziele im Leben gehen sie häufig spontan, niemals aber naiv vor. Dies ist das jüngste Milieu; zwei Drittel der Gruppe sind unter 30 Jahre alt. Die Bildungsabschlüsse sind von hohem Niveau. Personen, die zu diesem Milieu gehören, haben sehr breite Interessen, und es werden gerne Gruppenveranstaltungen besucht, weil dies den sozialen Austausch mit anderen ermöglicht. Die Interessen wechseln allerdings stetig.

Traditionelle Milieus

Die *bürgerliche Mitte* (14 %) – der „Mainstream mit dem Willen, sich anzupassen und etwas zu erreichen“ (ebd.) – ist mit der bestehenden Gesellschaftsordnung einverstanden. Ihr Engagement richtet sich auf die eigene soziale Sicherheit und die Befriedigung des Wunsches nach einem sicheren und harmonischen Alltag. Dieses Milieu hat den höchsten Anteil an verheirateten Menschen. Der Anteil an Hochschulabsolventinnen und -absolventen ist gering, viele sind einfache bis mittlere Angestellte oder Facharbeiterinnen und Facharbeiter. Außerschulische Bildung ist von großer Bedeutung für diese Gruppe, wobei besonders traditionelle, etablierte Anbieter von Interesse sind. In der Kultur werden beispielsweise populäre Tendenzen geschätzt, auf keinen Fall die Avantgarde.

Das *traditionelle Milieu* (15 %) – „Sicherheit und Ordnung liebende Kriegs- und Nachkriegsgeneration“ (ebd.) – ist in der Welt des Kleinbürgertums oder der traditionellen Arbeiterschaft verwurzelt. Da diese Menschen älter sind, finden sich viele Rentnerinnen und Rentner unter ihnen, die Bildungsabschlüsse auf niedrigerem Niveau haben. Dennoch gibt es Menschen mit durchschnittlicher oder höherer beruflicher Qualifikation. Ihr Bildungsinteresse ist eng an die eigene Lebenswelt geknüpft. Eine große Gruppe betrachtet sich als „zu alt“ für Weiterbildung.

Prekär-hedonistische Milieus

Das *prekäre Milieu* (9 %) – die „untere Klasse auf der Suche nach Orientierung und sozialer Eingliederung“ (ebd.) – hat starke Sorgen um die eigene Zukunft. Es leidet oft unter sozialen Benachteiligungen und hat eine resignative Gesamteinstellung entwickelt. Dennoch versuchen die Menschen den Anschluss zu halten, um sozial integriert zu bleiben. Die Arbeitslosenquote ist die höchste im Vergleich zu den anderen Milieus – und wenn die Menschen eine Beschäftigung haben, ist diese oft eine ungelernte oder gering qualifizierte. Die Bildungssituation ist eng an den eigenen sozioökonomischen Status geknüpft. Eigentlich wären kreative Bildungsformen und künstlerische Bildung erforderlich, um den vorhandenen Wunsch nach Teilhabe zu fördern.

Das *hedonistische Milieu* (15 %) – die „an Spaß und Erlebnissen orientierte Unterklasse bzw. untere Mittelklasse“ (ebd.) – will im Hier und Jetzt leben. Die Menschen in diesem Milieu gehören meist jüngeren Altersgruppen unter 40 Jahren an. Das Bildungsniveau variiert, es zeigt kein klares Muster. Bildung ist sekundär in dieser Gruppe. Wenn Bildungsmaßnahmen infrage kommen, dann in der Form von Aktionen, das heißt handlungsorientierten Angeboten.

Wissenswert

Die Milieus verändern sich und werden immer wieder aktualisiert beschrieben. Hervorzuheben sind hier die in geraumem Abstand aktualisierten Milieubeschreibungen des SINUS-Instituts. Diese sind verfügbar unter https://www.sinus-institut.de/sinus-loesungen/sinus-milieus-deutschland/

12.3 Milieus der Migrantinnen und Migranten

Im Kontext milieutheoretischer Konzeptionen sind auch die Milieus von Migrantinnen und Migranten bearbeitet worden. Festzuhalten ist hierbei, dass nicht die jeweilige Ethnie oder Nationalität für die Milieuzugehörigkeit bestimmend, sondern die Lebensstile, Werte und Lebensorientierungen prägend sind.

Deshalb ist es auch in der Erwachsenen- und Weiterbildung notwendig, sich nicht auf ein explizit ethnisches oder nationales Konzept zu beziehen, um die Zielgruppen zu beschreiben. Vielmehr sind die tieferliegenden sozialen Orientierungen zu erfassen. Auf diese Art und Weise können beispielsweise das „adaptive Integrationsmilieu“, das „entwurzelte Milieu“ oder eben auch die – immer wieder unterschätzten – „intellektuell-kosmopolitischen Milieus“ bzw. die hochkulturell und vielseitig gebildeten „universalistischen Milieus“ unterschieden werden. Nicht die Nationalität oder Ethnie, sondern die *Milieuzugehörigkeit* bestimmt also die Erwartungen der Migrantinnen und Migranten an die Erwachsenen- und Weiterbildung. Diese Erwartungen sind wiederum das Resultat komplexer Sozialisationsprozesse. Innerhalb der einzelnen Nationengruppen (z. B. mit deutschem, türkischem, russischem Hintergrund) sind die Sozialisationsprozesse nicht einheitlich; daher gestalten sich auch die Orientierungen (und Interessen) äußerst heterogen.

Wie sich die Milieus von Migrantinnen und Migranten zu denen der deutschen Staatsbürgerinnen und Staatsbürger (inklusive Personen mit Migrationshintergrund) verhalten, zeigt die folgende Abbildung 6.

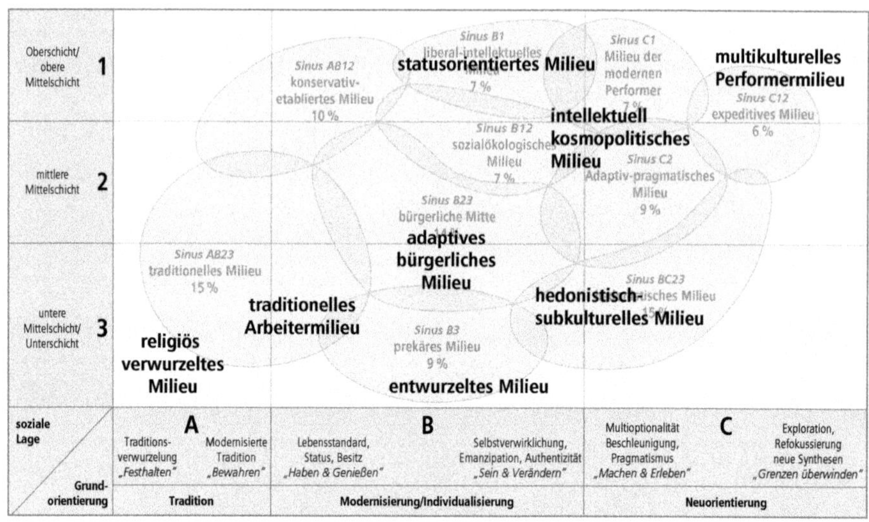

Abbildung 6: Soziale Milieus und die Milieus der Migrantinnen und Migranten in Deutschland (nach SINUS, 2010)

12.4 Zusammenfassung

Heute ist die Berücksichtigung von Milieu-Ansätzen sowohl in der Forschung als auch in der Praxis ein Element professionellen pädagogischen Handelns, vor allem in der außerschulischen Bildung bzw. Erwachsenen- und Weiterbildung.

Das Wissen um die milieuspezifischen Bildungserwartungen und Bildungsinteressen ist für das Handeln aller Beteiligten (Lehrende, Verantwortliche in Verwaltung und Bildungspolitik) von großer Bedeutung. Eine Differenzierung der Gruppen und die darauf aufbauende Kompetenz, die unterschiedlichen Sichtweisen, Erwartungen und Rollen der jeweiligen Gruppen zu antizipieren und so ein tieferes Verständnis für die Lernenden zu entwickeln, ist eine wichtige Ressource vor allem für Pädagoginnen und Pädagogen. Gefordert ist also eine sozialisations- und milieutheoretische Sensibilität.

Wichtig ist die horizontale Dimension des Milieumodells, das heißt, die pädagogisch Tätigen brauchen Einblick in die Lebensstile, Motivationen, Selbstverständnisse, Verhaltensweisen, Einstellungen, Erwartungen, religiösen Orientierungen sowie in die jeweilige Alltagsästhetik ihrer Zielgruppen. Das bedeutet jedoch keine „Kolonialisierung“ der Lebenswelten der Teilnehmenden, denn deren Lernentscheidungen sind in jedem Fall selbstbestimmt. Und das heißt auch nicht, dass die Praxis nur mit homogenen sozialen Milieus arbeiten muss, denn die kulturelle Auseinandersetzung und der Bildungsdiskurs sind mit heterogenen Gruppen äußerst interessant, da diese jeweils voneinander lernen können.

Fragen & Aufgaben

1. Welche Angebote in der Erwachsenen- und Weiterbildung eignen sich, um milieuübergreifende Veranstaltungen durchführen zu können?
2. Welche Komponenten und Standards müsste ein konkretes Erwachsenen- und Weiterbildungsangebot erfüllen, um ein bestimmtes soziales Milieu Ihrer Wahl anzusprechen?

Tipps zum Weiterlesen

Barz, H. & Tippelt, R. (Hrsg.). (2004). *Weiterbildung und soziale Milieus in Deutschland* (Bd. 1 u. Bd. 2). Bielefeld: W. Bertelsmann.
Die soziale Milieuforschung ist geeignet, die Interessen, Wünsche und Erwartungen, aber auch die Ängste und Barrieren in der Erwachsenen- und Weiterbildung empirisch aufzuzeigen. Die verschiedenen sozialen Milieus werden hierbei als soziokulturell und sozioökonomisch prägender Sozialisationskontext aufgefasst.

Bremer, H. (2018). Sozialisationstheorie und Erwachsenenbildung. In R. Tippelt & A. von Hippel (Hrsg.), *Handbuch Erwachsenenbildung/Weiterbildung (6. überarb. Aufl., Bd. 1, S. 127–144).* Wiesbaden: Springer VS.
Hier liegt ein aktueller und scharfsinniger Beitrag vor, der den Zusammenhang von Sozialisation und Erwachsenenbildung reflektiert. Auch die Bedeutung der Erwachsenensozialisation wird hierin sichtbar gemacht.

TEIL 4

Perspektiven für Forschung und Praxis

13

Traditionelle Fragestellungen und neue Herausforderungen

In diesem Kapitel werden einige Erkenntnisse in neun Thesen gebündelt, die bei der weiteren Forschung zur Sozialisation und zum informellen Lernen im Erwachsenenalter berücksichtigt werden sollten. Es ergeben sich daraus noch keine konkreten Konzepte, aber doch Perspektiven für die Praxis der Erwachsenen- und Weiterbildung.

Lernziele

- wichtige Grunderkenntnisse der Sozialisation und des informellen Lernens im Erwachsenenalter hervorheben können
- die pluralen Forschungsperspektiven in Abhängigkeit von sozialwissenschaftlichen Disziplinen benennen können
- die Notwendigkeit forschungspluraler Zugänge zu den Themen Sozialisation und informelles Lernen erläutern können
- die Bedeutung von Quer- und Längsschnittstudien im Zusammenhang mit Sozialisation und informellem Lernen verstehen können

13.1 Ausgewählte Perspektiven für eine forschungs- und evidenzbasierte Erwachsenenbildungspraxis

Vor dem Hintergrund der verschiedenen Forschungsbefunde und -aspekte zu Sozialisation und informellem Lernen stellt sich die Frage, ob sich einige verdichtete Aussagen formulieren lassen, die auch Relevanz für die erwachsenenpädagogische Praxis entfalten. Bei der Planung, Durchführung und Evaluation von erwachsenenpädagogischen Interventionen können einige grundlegende Thesen als Orientierung herangezogen werden, wenn es um die Berücksichtigung der Sozialisationserfahrungen der Lernenden sowie deren informell erworbenes Wissen geht.

These 1 *Sozialisationsprozesse und informelles Lernen sind nicht auf eine Altersgruppe oder eine Bildungs- und Entwicklungsetappe beschränkt.*

Keine Altersstufe hat bei der Bearbeitung von Sozialisation und informellem Lernen Vorrang, denn in allen Phasen treten über die Lebensspanne kontinuierliche und kumulative, aber auch diskontinuierliche Entwicklungsprozesse auf, die letztlich ein gelingendes Leben mitbestimmen. Insbesondere Uri Bronfenbrenner (1994) ist es gelungen, die Zusammenhänge der individuellen Entwicklung und der Umweltkontexte nicht nur in Mikro-, Meso-, Exo- und Makrosystemen zu rekonstruieren, sondern auch in sogenannten Chronosystemen (→ Kap. 3.3). Nach Bronfenbrenner basieren Sozialisation und Lernen auf einer Kette von Ereignissen, die sich über einen längeren Zeitraum erstreckt und insbesondere bei der Gestaltung von Übergängen auch deutlich von Umweltbedingungen abhängig ist.

Relevant ist bei Sozialisationsprozessen zunächst insbesondere der Übergang in den *vorschulischen Bereich*. Zudem beinhalten die Prozesse der *Einschulung und die schulische Sozialisation* institutionelle Gelegenheiten der Verallgemeinerung von Ideen, die Altersgleichheit der Peergroups und die Möglichkeiten eines emotional und gleichzeitig rational reflektierten informellen Lernens (→ Kap. 5.3; → Kap. 6.1). Kinder können Normen erlernen, die sie im Kontext ihrer Herkunftsfamilien nicht im gleichen Maße aufbauen. Der Übergang von der Familie in vorschulische Einrichtungen wie Krippen und Kindergärten und später in die Schule impliziert sozialisationsrelevante strukturelle Veränderungen, die allerdings nicht garantieren, dass Heranwachsende selbstverantwortlich und universalistische Ansprüche akzeptierend sozialisiert werden. Bei Kindern sollen Prinzipien gefördert werden (auch wenn dies nicht immer gelingt), die für ein kooperatives und solidarisches Handeln von Gesellschaftsmitgliedern grundsätzlich notwendig sind (Dewey, 1916). Sicher können diese Sozialisations- und informellen Lernprozesse durch das intensive und bewusste Zusammenwirken von Eltern und Lehrpersonen verbessert werden.

Der *Übergang von der Schule in den Beruf* ist auch heute nicht optimal, denn noch immer verlassen 10 Prozent der Jungen und 6 Prozent der Mädchen die Schule ohne

Abschluss (→ Kap. 7.1). Gleichzeitig weisen alle Diagnosen und Prognosen auf einen Trend zu immer höher qualifizierten Tätigkeiten im Beschäftigungssystem hin (Aktionsrat Bildung, 2012). Technischer Wandel, Produktinnovationen und neue Formen der Arbeitsteilung (z. B. Teamarbeit) sind die Gründe für diesen Trend zur Höherqualifizierung, den die Sozialisations-, Bildungs- und Lernforschung beachten muss.

Die *Übergänge im späteren Erwachsenenalter* gehen – trotz des Trends hin zu einer zunehmenden Bildungspartizipation der Älteren – mit einer geringen Beteiligung an Weiterbildung am oberen Ende des Altersspektrums einher (→ Kap. 11.2). Gleichzeitig sorgen sich ältere Arbeitnehmerinnen und Arbeitnehmer um den Verlust beruflicher Kompetenz aufgrund veralteten Wissens. Sozialisations- und Lernprozessen kommt auch in diesen Lebensphasen eine gesellschaftlich integrierende und eine präventive Funktion zu (Schmidt-Hertha & Tippelt, 2013). Die Stärkung der Bildungspartizipation Älterer ist notwendig, weil Lernen einen entscheidenden Beitrag zur persönlichen Gesundheit und zur Aufrechterhaltung kognitiver und physischer Fähigkeiten leistet und damit zu einem gelingenden Leben und zu einem konstruktiven Sozialisations- und Entwicklungsprozess bis ins hohe Alter beiträgt (Bynner, Schuller & Feinstein, 2003). Das wissenschaftliche und bildungspraktische Interesse einer Sozialisations- und Lernforschung richtet sich in einer sich demografisch wandelnden Gesellschaft auch auf die über 65-Jährigen und die Hochaltrigen.

These 2 *Sozialisation, Bildung und Lernen über die Lebensspanne sind individuelle und öffentliche Aufgaben.*

Lernen bedeutet das Einordnen von Erfahrungen und Wissen über die Lebensspanne. Der Begriff *„lifelong learning"* wurde in den frühen 1970er Jahren in den bildungspolitischen Diskussionen des Europarates, der UNESCO, der OECD und der EU geprägt. In der Anfangszeit wurde er synonym zu den Begriffen *„lifelong education"* oder *„éducation permanente"* verwendet. Im Jahr 1996 wurde im europäischen Jahr des Lebenslangen Lernens das *„lifelong learning for all"* zu einem bildungspolitischen Leitziel. Der Begriff wurde normativ gesetzt, um von Ausschnitten eines Lebenslaufs hin zu einer biografischen Betrachtung über die gesamte Lebensspanne hinweg zu gelangen.

Das Lernen und die Sozialisation in unterschiedlichen Lebensphasen und in verschiedenen Erfahrungszusammenhängen vollziehen sich individuell, werden aber von *öffentlichen und privaten Bildungsinstitutionen* unterstützt. Diese Diagnose impliziert, dass Bildungsinstitutionen das Lernen im ersten Drittel des Lebens durch die Förderung von Kompetenz, Autonomie und Empathie unterstützen, während es im fortschreitenden Alter für Bildungsinstitutionen immer wichtiger wird, durch Förderung dazu beizutragen, dass sich Kompetenzen, Fähigkeiten und Qualifikationen kreativ und produktiv weiter entfalten können. Beispielsweise konnte in gut dokumentierten Initiativen der „Lernenden Regionen" – einem seit 2000 existierenden großen Reformprojekt der EU – erreicht werden, dass verschiedene Bildungsbereiche (Schule, Berufsausbildung, Weiterbildung, Hochschule) eng miteinander und auch mit dem Beschäftigungssystem zusammenarbeiten, so dass man von vernetzten Aktivitäten und Planungen sprechen kann (Tippelt, Strobel & Reupold, 2009b). In diesem Beispiel öffentlicher Bildungsinnovation konnte erreicht werden, dass benachteiligte und bildungsferne Zielgruppen in ihren Sozialisationsprozessen durch Erwachsenen- und Weiterbildung gefördert wurden und dass sich das Bewusstsein für die Gestaltung zielgruppenbezogener didaktischer Handlungsfelder verbessern konnte. Eine besondere öffentliche Aufmerksamkeit erfuhren in den „Lernenden Regionen" die vertikalen und horizontalen Kooperationsstrukturen zwischen Schulen, Berufsschulen, Hochschulen und Betrieben, um durch die Förderung der Durchlässigkeit, Verzahnung und Transparenz der Bildungsbereiche die Übergänge in den beruflichen Biografien von jungen Menschen zu verbessern. Diese Anregungen einer bewusst geplanten Bildungsinnovation sind auch für Sozialisationsprozesse und das informelle Lernen von großer Bedeutung.

These 3 *Intraindividuelle Plastizität ist eine Voraussetzung lebenslangen Lernens und der Sozialisation über die Lebensspanne.*

Für die Sozialisation und das lebenslange Lernen ist die Erkenntnis einer hohen Veränderbarkeit und *Plastizität menschlicher Entwicklung* (aber auch deren Grenzen) im mittleren und im höheren Erwachsenenalter sehr wichtig (→ Kap. 11.2). Das Lernen im Erwachsenenalter und generell die Sozialisations- und Bildungsprozesse über die Lebensspanne sind einem anspruchsvollen Katalog von Erwartungen ausgesetzt, denn es gilt, das Lernen für alle zu ermöglichen und selbstgesteuertes, selbstbestimmtes und kreatives Lernen zu initiieren. Gerade inklusives Lernen erinnert an diesen Anspruch und zeigt auf, dass die Plastizität der Intelligenz prinzipiell auch im Alter erhalten bleibt (Kruse, 2007).

These 4 *Informelles Lernen und „lifewide learning" sind zu berücksichtigen, denn Sozialisation ist ein Prozess der Selbstbestimmung.*

Sozialisation findet in formalen, non-formalen und informellen Kontexten statt. Der formale Kontext ist an Bildungsinstitutionen gekoppelt, non-formales Lernen entsteht beispielsweise in Vereinen, Verbänden oder auch am Arbeitsplatz. Das *informelle Lernen* bezieht schließlich die nicht intendierten Entwicklungs- und informellen Lernprozesse außerhalb vordefinierter Lernsettings im Alltag ein (→ Kap. 4.1). Es sind dabei auch kritische Lebensereignisse (wie Behinderung, Krankheit, der Verlust des Arbeitsplatzes oder der Verlust eines Familienmitglieds) theoretisch, empirisch und praktisch zu bearbeiten.

Aus formaler und institutioneller Perspektive basiert Weiterbildung auf wichtigen Ordnungsgrundsätzen: dem Subsidiaritätsprinzip, dem Träger- und Angebotspluralismus, der Flächendeckung und der allgemeinen Zugänglichkeit der Angebote, der Freiwilligkeit der Teilnahme sowie der öffentlichen Verantwortung für *lifelong and lifewide learning*. Diesen Grundsätzen kann nur auf der Basis eines sich historisch herausgebildeten breiten Konsens zur Pluralität der Träger und anbietenden Bildungsorganisationen entsprochen werden. Im Unterschied zur Sozialisation und zum Lebenslauf, die kontingent sind, ist die von Trägern organisierte und geplante Bildung in hohem Maße zielorientiert und muss gegenüber Teilnehmenden und auch gegenüber Finanziers immer wieder legitimiert werden. Bei Bildung und Lernen geht es darum, Qualität zu sichern und öffentlich wirksam nachzuweisen. Sozialisation ist hier deskriptiver zu fassen.

Die Bedeutung non-formaler und informeller Lernprozesse, bei denen sich beispielsweise Jung und Alt oft eng aufeinander beziehen, geht zwar seit den 1990er Jahren ebenfalls zunehmend in die wissenschaftliche Diskussion ein, ihre Formen und Wirkungen wurden aber bisher in der Sozialisationsforschung nur wenig thematisiert. Besonders interessant ist dabei die Analyse ehrenamtlicher, bürgerschaftlicher und zivilgesellschaftlicher Tätigkeiten, die einen besonderen Aspekt des Freizeitverhaltens hervorhebt (→ Kap. 10).

Im Kontext der Sozialisation und des Lernens über die Lebensspanne sind Weiterbildungsprozesse zeitlich begrenzte und partielle Hilfen im immer neu beginnenden und nicht abzuschließenden Projekt *individueller Selbstbestimmung*. Es ist festzuhalten, dass Sozialisation, Bildung und informelles Lernen über die Lebensspanne meist freiwillig, aber nicht immer pädagogisch geordnet stattfinden. Jedenfalls können Lernprozesse über die Lebensspanne nicht durchgehend als formale Lernform in Bildungsinstitutionen organisiert werden, es kommt auch zu alltäglichen Formen der Sozialisation und manchmal auch zu „wildwüchsigen" Formen des informellen Lernens.

Sozialisation und informelles Lernen sind durch ökonomische und bildungspolitische Strukturen, durch kulturelle Wertorientierungen und Wertprägungen der sozialen Herkunftsmilieus, durch gesetzliche Normierungen, durch frühe Sozialisationsprozesse in der Familie, durch schulische und später auch durch berufliche Selektionsprozesse und eben kritische Lebensereignisse beeinflusst. Diese Einflussbereiche prägen die individuellen Handlungen; sie werden letztlich aber von individuellen Entscheidungen gesteuert. Eine in diesem Sinne argumentierende Sozialisations- und Lernforschung ist einem handlungstheoretischen Paradigma verpflichtet, das heißt, Handlungen und Entscheidungen sind nie restlos durch die soziale Umgebung determiniert. Sozialisation widerspricht dann also einer vereinfachenden behavioristischen Erklärung, weil sie komplex ist und vor allem des empathischen und fallspezifischen Verstehens bedarf.

These 5 *Sozialisation, informelles Lernen und selbstverständlich auch intendierte Bildung über die Lebensspanne umfassen viele gleichwertige Aufgaben.*

Sozialisation, informelles Lernen und intendierte Bildung über die Lebensspanne können grundsätzlich nur im Kontext verschiedener Disziplinen analysiert werden, die sich jeweils aus unterschiedlicher Perspektive mit menschlicher Persönlichkeitsentwicklung bzw. der Humanontogenese beschäftigen. Der Blick einer spezifischen wissenschaftlichen Disziplin kann immer nur einen Ausschnitt der Lebensspanne umfassen. Dabei ist es wichtig zu akzeptieren, dass Sozialisation, informelles Lernen und intendierte Bildung über die Lebensspanne untrennbar mit psychischen, biogenetischen, medizinischen, sozialen, pädagogischen, administrativen und gesellschaftlichen Problemen verbunden sind, so dass eine interdisziplinäre Forschung in diesem Bereich notwendig ist.

Wenn der Lebenslauf durch sensible Phasen zu charakterisieren ist, dann stellt sich die Frage, inwieweit Abweichungen von Altersnormen heute gesellschaftlich toleriert werden und wie sich stärkere Abweichungen (sehr frühe oder auch sehr späte Erfüllung von Normen) bei den Lebenswegen sowie bei der individuellen Berufs- und Lebenslaufplanung konkret auswirken. Dies ist wiederum für Sozialisation und informelles Lernen sehr bedeutsam.

These 6 *Sozialisation und informelles Lernen sind an historische und kulturelle Kontexte gebunden.*

Zu betonen ist der *historische Kontext* von Sozialisation, informelles Lernen und intendierte Bildung, das heißt, dass die Möglichkeiten der individuellen Entfaltung nicht nur von biologischen und kognitiven Voraussetzungen, sondern auch von sozialen und kulturellen Bedingungen geschichtlicher Epochen sowie von spezifischen Zeitereignissen – also konkreten historischen Sozialisations- und Lernumgebungen – stark geprägt sind (→ Kap. 1.2). Es gibt besondere Grunderfahrungen von Kohorten und Generationen, in Form kollektiver Generationenschicksale, da kulturelle Werte sowie soziale und politische Grunderfahrungen für die Kohorten und Generationen sehr verschieden sind. Der historische Kontext des Lernens und der Bildung zeigt, dass die Möglichkeiten der Sozialisation und des lebenslangen informellen Lernens nicht nur von altersbezogenen Voraussetzungen, sondern auch stark durch soziale und kulturelle Bedingungen geschichtlicher Epochen und durch spezifische Zeitereignisse – also konkrete historische Lebens- und Lernumgebungen – geformt sind.

These 7 *Sozialisation und informelles Lernen über die Lebensspanne sind durch soziale Lebenslagen geprägt.*

Empirisch ist festzustellen, dass die konkreten Lernaktivitäten von Individuen in starker Abhängigkeit von der *sozialen Lebenslage* und den *individuellen Lebenssituationen* variieren (→ Kap. 2.2; → Kap. 12). Dieser Zusammenhang zeigt sich besonders bei den monetären wie auch bei den nicht-monetären Erträgen der Weiterbildung. Zu den nicht-monetären Erträgen gehören beispielsweise Lebenszufriedenheit, Gesundheit, freiwilliges Engagement und politische Partizipation (Schrader, Ioannidou

& Blossfeld, 2020). Dies trifft auf die intendierte non-formale Weiterbildung zu, aber auch im Kontext der nicht-intendierten Sozialisation und beim informellen Lernen existieren starke soziale Ungleichheiten, denn Bildungsgrad, berufliche Qualifikation, Erwerbsstatus, Einkommen, Geschlecht, Nationalität und Alter wirken sich auf die Ergebnisse der Persönlichkeitsentwicklung aus, so dass spezifische und zielgruppenorientierte Lernumgebungen zur Anregung von Bildung und Lernen in verschiedenen sozialen Gruppen erforderlich sind. Insbesondere die Erfahrungen aus der familialen und schulischen Sozialisation wie auch der beruflichen Erstausbildung prägen Bildungspartizipation, Interessen und Barrieren bis in das hohe Alter. Die Sozialisation und das informelle Lernen im frühen, mittleren und höheren Erwachsenenalter sind demnach immer in einem Zusammenhang mit früheren Erfahrungen und zurückliegendem Lernen zu sehen.

These 8 *Plurale Forschungszugänge sind zum Verständnis von Sozialisation und informellen Lernprozessen über die Lebensspanne notwendig.*

Das Verstehen und die Analyse der Sozialisation und des informellen Lernens über die Lebensspanne sind auf Erkenntnisse der Bildungs-, aber ebenso der Entwicklungs-, Lebenslauf- und Biografieforschung (und weiterer Forschungsdisziplinen) angewiesen. Sozialisations- und Lernforschung können sich auf die Ergebnisse der verschiedenen Forschungsdisziplinen gut beziehen.

- In der *entwicklungsorientierten Psychologie der Lebensspanne* werden Entwicklungsaufgaben und Entwicklungskrisen, die Übergänge im Lebenslauf sowie die Lebens-, Berufs- und Familienzyklen systematisch in ihrer Wirkung auf die individuelle Entfaltung analysiert.
- In der *soziologischen Lebenslaufforschung* wird das Handeln von sozial definierten Schichten, Milieus und Akteurinnen und Akteuren unter sich verändernden gesellschaftlichen Rahmenbedingungen beschrieben.
- In der meist mit qualitativen Forschungsmethoden arbeitenden interdisziplinären *Biografieforschung* wird die individuelle Entwicklung rekonstruiert.
- In der *pädagogischen Erwachsenenbildungsforschung* wird unter anderem die Gestaltung motivations- und lernfördernder Lernumgebungen analysiert, und es werden für Teilnehmende und Zielgruppen passgenaue Angebote und Programme konzipiert und durchgeführt.

These 9 *Forschungsmethodisch dürfte die partizipative angewandte Grundlagenforschung in diesem Feld noch an Bedeutung gewinnen.*

Die partizipative angewandte Grundlagenforschung ist der forschungsmethodisch kontrollierten Aufklärung von Ursache-Wirkungs-Zusammenhängen und der Suche nach Gründen für das Handeln verpflichtet. Es wird aber davon ausgegangen, dass die Erklärung komplexer sozialisationstheoretischer, lerntheoretischer und allgemein pädagogischer Phänomene monotheoretisch und monomethodisch nicht möglich ist. Die Kooperation von Forschung und Praxis im hier dargestellten Forschungsbereich erscheint fruchtbar, insbesondere weil sich die Probandinnen und Probanden in einschlägigen Untersuchungen reflexiv und aktiv mit der Wirklichkeit auseinandersetzen. Diese angewandte Grundlagenforschung bearbeitet praktische Probleme des Lernens und der Sozialisation partizipativ, damit sich die Praxis der Erwachsenenbildung sinnvoll auf Forschungsergebnisse beziehen kann. Dabei ist die theoretische Basis vielfältig, die Methodenbasis ist plural und die Untersuchungen sind unter anderem aufgrund der Abhängigkeit vom jeweils spezifischen Untersuchungsfeld eher selten exakt replizierbar.

13.2 Folgerung: Quer- und längsschnittliche Analysen

Für die Sozialisation und das informelle Lernen ist festzuhalten, dass die Lebensspannen-Perspektive durch ein Wechselspiel von folgenden Aspekten charakterisiert werden kann:

- milieu- und bildungsabhängige individuelle Interessen und Neigungen
- soziale Erwartungen und Anforderungen
- biologisch-physiologische Reifungsprozesse

Besonders wichtig ist die Erkenntnis, dass die Richtung ontogenetischer Veränderungen nicht nur zwischen verschiedenen Verhaltensbereichen (z. B. Kognition und Emotion) variiert; auch innerhalb eines Lebensabschnitts können manche Verhaltensweisen persönliches Wachstum und andere gleichzeitig einen Abbau anzeigen (Multidirektionalität). Auch gilt es zu berücksichtigen, dass sich die soziale Herkunft und die milieudifferenten Entwicklungsbedingungen und Lernerfahrungen in den früheren Lebensjahren, aber auch die gegenwärtige Lebenssituation auf die gegenwärtigen Lerninteressen, Lernsituationen und Bildungswege von Individuen auswirken. Gelingendes und sinnvolles Lernen über die Lebensspanne ist aber nie determiniert, sondern selbstbestimmt. Bei den Herausforderungen an die Sozialisationsforschung, die Lernforschung und die Bildungsforschung kommt es zu Überschneidungen und Parallelen, obwohl diese Forschungsbereiche jeweils ein eigenes Profil haben. Sinnvoll ist daher nicht die Abgrenzung, sondern die enge Kooperation dieser Forschungsbereiche (Edelmann, Schmidt & Tippelt, 2011).

Die Sozialisations- und Lernforschung braucht empirische Evidenz: In Deutschland wird seit 2009 die Längsschnittstudie NEPS (= *National Educational Panel Study*) mit dem Ziel lanciert, die Kompetenzentwicklung von der frühen Kindheit bis ins hohe Erwachsenenalter zu untersuchen (Roßbach & Maurice, 2018). Dafür wurden bundesweit seit 2009 rund 60.000 Personen im Alter zwischen 0 und 57 Jahren untersucht und empirisch längsschnittlich auch in den nächsten Jahren in regelmäßigen Abständen analysiert. Im Gegensatz zu den Kompetenzmessungen im Rahmen von PISA oder PIAAC, bei denen in mehrjährigen Zyklen immer wieder neue Gruppen von Jugendlichen und Erwachsenen befragt werden und damit Entwicklungstrends im *Querschnitt* erfasst werden können, ist es mit der NEPS-Studie möglich, individuelle Entwicklungs- und Lernprozesse der gleichen Personengruppen (= Panel) im *Längsschnitt* zu untersuchen. Im Zentrum der Studie stehen Erkenntnisinteressen an der Bedeutung von Sozialisation an unterschiedlichen Lernorten (z. B. Familie, Schulen, Berufs- und Weiterbildungsinstitutionen), an Übergangsentscheidungen sowie an kognitiven und sozialen Kompetenzen für die individuelle Entwicklung. Dem Forschungsprojekt liegt eine Matrix zugrunde, in der die fünf Schwerpunkte und die acht Lebensalter abgebildet sind, die untersucht werden (→ Abb. 7).

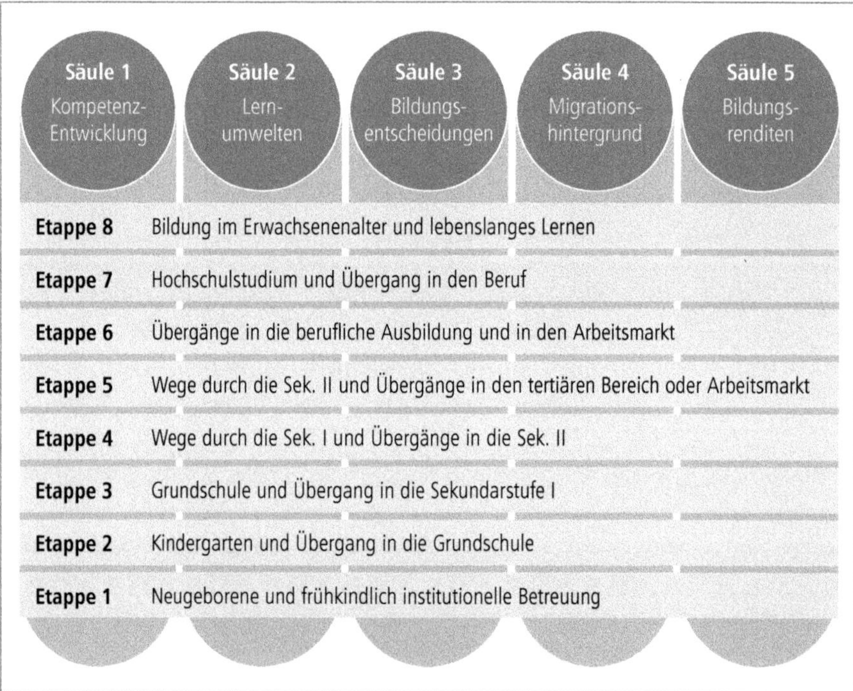

Abbildung 7: Modell der National Educational Panel Study (i. Anl. an Roßbach & Maurice, 2018)

Die Durchführung dieser ambitionierten, für die Bildungs- wie die Sozialisationsforschung in gleicher Weise relevanten Studie, bedingt sowohl eine *interdisziplinäre* als auch eine *multimethodische* Herangehensweise. Daher sind Wissenschaftlerinnen und Wissenschaftler aus der Erziehungswissenschaft, Psychologie, Bildungssoziologie und Ökonomie daran beteiligt. Das vom Bundesministerium für Bildung und Forschung (BMBF) und dem bayerischen Staatsministerium geförderte Projekt ist am Leibniz Institut für Bildungsverlaufsforschung (LifBi) der Otto-Friedrich-Universität Bamberg angesiedelt. Insgesamt sind von diesem Projekt zahlreiche Antworten auf die noch offenen Fragen der Bildungs-, aber auch der Sozialisations- und Lernforschung zu erwarten.

13.3 Zusammenfassung

Trotz der erkennbaren Forschungsbedarfe lässt sich auf der Basis des gegenwärtigen Kenntnisstands zusammenfassend Folgendes für die Erwachsenensozialisation und das informelle Lernen im Erwachsenenalter konstatieren:

- Sozialisation, Bildung und Lernen über die Lebensspanne sind individuelle und öffentliche Aufgaben.
- Intraindividuelle Plastizität ist eine Voraussetzung des lebenslangen Lernens und der Sozialisation über die Lebensspanne.
- Informelles Lernen und *lifewide learning* sind zu berücksichtigen, denn Sozialisation ist ein Prozess der Selbstbestimmung.
- Sozialisation, informelles Lernen und auch intendierte Bildung über die Lebensspanne umfassen viele gleichwertige Aufgaben.
- Sozialisation und informelles Lernen sind an historische und kulturelle Kontexte gebunden.
- Sozialisation und informelles Lernen über die Lebensspanne sind durch soziale Lebenslagen geprägt.
- Partizipative angewandte Grundlagenforschung, die die Praxis und die Forschung zum Erwachsenenalter und zur Erwachsenenbildung kooperativ zusammenbringt, hat eine besondere Bedeutung.
- Plurale Forschungszugänge sind zum Verständnis von Sozialisation und informellen Lernprozessen über die Lebensspanne notwendig; Quer- und Längsschnittstudien sind zu kombinieren.

Fragen & Aufgaben

1. Welche Konsequenzen für die Planung, Umsetzung und Evaluation von Weiterbildungsangeboten ergeben sich aus diesen Thesen?
2. Welche besonderen Forschungsbedarfe sehen Sie beim Thema Erwachsenensozialisation und informelles Lernen im Erwachsenenalter?
3. Erläutern Sie den Zusammenhang von Erwachsenensozialisation, informellem Lernen und Erwachsenenbildung.

Tipps zum Weiterlesen

Bremer, H. (2008). Sozialisation durch institutionalisierte Weiterbildung. In K. Hurrelmann, M. Grundmann & S. Walper (Hrsg.), *Handbuch Sozialisationsforschung* (S. 306–320). Weinheim: Beltz.

Erwachsenenbildung muss sich nicht nur auf die ihr vorangehenden Sozialisationsprozesse der Teilnehmenden einstellen und an den in Sozialisationsprozessen erworbenen Lerngewohnheiten anknüpfen, sie ist auch selbst Sozialisationsinstanz. Der Aufsatz von Helmut Bremer setzt sich mit Sozialisationsbedingungen und -prozessen im Kontext von Weiterbildungsangeboten auseinander und versteht diese als einen Aspekt des lebenslangen Lernens. Blossfeld, H.-P., Kiloi-Jakonen, E., Vono de Vilhena, D. & Buchholz, S. (Hrsg.). (2014). *Adult learning in modern societies. An international comparison from a life-course perspective*. Cheltenham (GB): T. J. International Ltd.

Das Buch gibt einen international vergleichenden Einblick in die längsschnittlichen Perspektiven zur Sozialisation und zum Lernen Erwachsener, insbesondere vor dem Hintergrund sozialer Ungleichheit. Dabei werden die Möglichkeiten der Partizipation im Beschäftigungssystem besonders diskutiert.

Tippelt, R. & Hippel, A. von (Hrsg.). (2018). *Handbuch Erwachsenenbildung/Weiterbildung* (6. überarb. Aufl.). Wiesbaden: Springer VS.

Das Handbuch bietet durch eine Vielzahl einzelner Themen und Beiträge einen breiten Überblick über die Erwachsenenbildungsforschung insgesamt. Dabei adressieren verschiedene Beiträge auch (sozialisationsbedingte) Voraussetzungen verschiedener Ziel- und Adressatengruppen, wie Erwachsenenbildung zum Beispiel mit didaktischer Ausgestaltung oder Bildungsmarketing auf sozialisationstheoretische Ansätze reagieren kann und welche Rolle informelle Lernkontexte im Erwachsenenalter spielen.

Glossar

Alltagsbewusstsein meint das den jeweiligen Lebensverhältnissen des Alltags zugrundeliegende Denken und Erkennen, ist häufig kritisch, kann aber auch anfällig für Ideologien sein.

Altern umschreibt die auf das Individuum bezogenen körperlichen und psychischen Veränderungen, wobei das sich ergebende differenzielle Altern starke Auswirkungen auf das informelle Lernen in den späteren Lebensphasen hat.

Bildungsforschung ist eine nutzer- oder auch grundlagenorientierte interdisziplinäre Analyse von Bildung, Erziehung und Sozialisation im gesellschaftlichen Kontext, insbesondere um Wirkungen von Lernen aufzuzeigen.

Bindungsforschung untersucht unterschiedliche Qualitäten des Bindungsverhaltens, die durch enge Beziehungen entstehen und eine nachhaltige Wirkung auf die sozio-emotionale Entwicklung des Individuums haben.

Entwicklungsaufgaben sind normative Vorstellungen zu den anerkannten Anforderungen, die in den verschiedenen Lebensphasen zu bewältigen sind.

Erwachsenensozialisation meint den lebenslangen und dynamischen Prozess der Identitätsentwicklung, der sich in permanenter Auseinandersetzung mit der soziokulturellen Umwelt vollzieht.

Erziehung ist in Abgrenzung zu Sozialisation und Bildung ein durch Eltern oder professionelle Pädagoginnen und Pädagogen gesteuerter, aber auch Selbsterziehung implizierender Prozess, der zielorientierte Veränderungen des menschlichen Individuums intendiert.

Frühkindliche Sozialisation umfasst den Zeitraum von der Geburt bis zum Ende des zweiten Lebensjahrs, in anderen Konzepten bis zur Einschulung, und hat maßgeblichen Einfluss auf die kognitive, soziale, emotionale und motorische Entwicklung der Heranwachsenden.

Humanontogenese bezeichnet die Selbststeuerung menschlichen Lernens von der frühkindlichen Entwicklung bis in das hohe Alter.

Identität ist das Bewusstsein, das jedes einzelne Individuum von sich selbst hat und das sich sowohl auf die eigene soziale Verortung als auch auf das Erleben von Einmaligkeit beziehen lässt.

Individualisierung ist ein Terminus, der die Auflösung und Erosion von tradierten sozialen Verhaltensmustern beschreibt und in seiner Wirkung dazu führen kann, dass Individuen die traditionellen sozialen Organisationen meiden.

Informelles Lernen subsummiert alle bewussten oder unbewussten Aneignungsprozesse, die nicht von Dritten organisiert und/oder professionell angeleitet werden. Damit grenzt sich informelles Lernen vom formalen Lernen ab, das zu allgemein anerkannten Abschlüssen führt, sowie vom non-formalen Lernen, also den organisierten Weiterbildungsangeboten.

Jugendliches Moratorium weist auf den Aufschub der Klärung der Identität in der Moderne hin, wobei vor allem die Bildungsexpansion ursächlich ist.

Krisen sind im Lebenslauf normal auftretende, individuelle Probleme, deren Lösung und Bewältigung die Identitätsentwicklung konstruktiv fördern.

Längsschnittstudien sind empirische Analysen, die die gleichen Variablen zu verschiedenen Zeitpunkten bei der gleichen Population erheben, so dass beispielsweise die Veränderungen des Lernens spezifischer Individuen und Gruppen (Panel) sichtbar werden.

Lebenswelten umfassen die Gesamtheit der tatsächlichen und der subjektiv konstruierten Erfahrungshorizonte menschlichen Lebens und sind daher für das informelle Lernen und die Sozialisation im Erwachsenenalter hoch relevant.

Milieus fassen Personen mit ähnlichen Lebensstilen zusammen, die sich aus ihren sozioökonomischen und soziokulturellen Merkmalen ergeben, so dass sich sowohl vertikale Ungleichheit als auch horizontale Verschiedenheit in der Milieuzugehörigkeit ausdrückt.

Replikationsstudien sind Analysen mit gleichem Frageninventar und strukturell ähnlichen Stichproben zu unterschiedlichen Messzeitpunkten, um den Wandel des Aufwachsens von Kohorten bzw. Generationen herauszuarbeiten.

Rollentheorien sind Konzepte zur verhaltenswirksamen Ausgestaltung von sozialen Erwartungen, wobei die Fähigkeiten zur Rollenübernahme (die Erwartungen der Anderen zu repräsentieren), die Rollendistanz (die Erwartungen der Anderen nicht einfach zu internalisieren, sondern diese zu prüfen) und die Ambiguitätstoleranz (die widersprüchlichen Erwartungen verschiedener sozialer Gruppen auszubalancieren) wichtige Dimensionen von reifer Rollenkompetenz sind.

Sozialer Status ist die durch Herkunft, Alter, Geschlecht und Milieu zugeschriebene Wertschätzung in der Gesellschaft und basiert meist auf erworbenen und teilweise auch vererbten Merkmalen, wie Bildung, Vermögen, Einkommen oder Beruf.

Sozialer Wandel beschreibt jene sozialen Tatsachen, wie Institutionen, Rollenerwartungen, Organisationen, Werte und Normen, die sich historisch verändern – ohne eine spezifische positive oder negative Richtung vorherzusagen.

Sozialisation ist ein erziehungs- und sozialwissenschaftlicher Fachterminus, der die primären (Kindheit), sekundären (Jugend) und tertiären Sozialisationsprozesse (Erwachsenenalter) als Formen der Vergesellschaftung versteht, wobei die Pluralität der Theorien zur Sozialisation dazu führt, dass eine vielfältige Bedeutungszuschreibung besteht.

Sozial-ökologische Sozialisationsforschung zielt auf die Analyse von Verhalten und Handeln aus der Perspektive von Mikro-, Meso-, Exo- und Makrosystemen, das heißt, von verschiedenen Ebenen des Handelns, und bezieht durch den Terminus „Chronosysteme" auch den biografischen Wandel und den Lebenslauf in die Überlegungen ein.

Symbolischer Interaktionismus ist eine einflussreiche sozialwissenschaftliche Theorie, die die Konstitution des handlungsfähigen Subjekts aus der Struktur der sprachlich-kommunikativen Interaktion erklärt.

Übergänge markieren normative, aber auch unvorhergesehene und ungeplante Veränderungen von einer Lebensphase zu einer anderen, wobei sich hierbei immer Risiken und besondere Chancen im Sozialisationsprozess ergeben.

Literatur

Ahnert, L., Harwardt-Heinecke, E., Kappler G., Eckstein-Madry, T. & Milatz, A. (2012). Student-teacher relationships and classroom climate in first grade. How do they relate to students' stress regulation? *Attachment & Human Development*, (14), 249–263.

Aktionsrat Bildung. (2012). *Professionalisierung in der Frühpädagogik. Qualifikationsniveau und -bedingungen des Personals in Kindertagesstätten. Jahresgutachten*. Münster: Waxmann.

Aktionsrat Bildung. (2020). *Bildung zu demokratischer Kompetenz*. Münster: Waxmann.

Alcan, F. (1973). *Der Selbstmord*. Neuwied: Luchterhand.

Alheit, P. (2018). Lernen und Erwachsenenbildung in Selbsthilfe. In R. Tippelt & A. von Hippel (Hrsg.), *Handbuch Erwachsenenbildung/Weiterbildung* (6. überarb. Aufl., S. 1425–1438). Wiesbaden: Springer VS.

Allmendinger, J., Nikolai, R. & Ebner, C. (2018). Soziologische Bildungsforschung. In R. Tippelt & B. Schmidt (Hrsg.), *Handbuch Bildungsforschung* (4. überarb. Aufl.). Wiesbaden: Springer VS.

Argyris, C. & Schön, D. (1978). *Organizational learning. A theory of action perspective*. Reading (US): Addison-Wesley.

Argyris, C. & Schön, D. (1999). *Die lernende Organisation. Grundlagen, Methode, Praxis*. Stuttgart: Klett-Cotta.

Arnold, R. (2013). *Systemische Erwachsenenbildung. Die transformierende Kraft des begleiteten Selbstlernens*. Baltmannsweiler: Schneider.

Arnold, R. & Pätzold, H. (2003). Lernen ohne Lehren. In W. Wittwer & S. Kirchhof (Hrsg.), *Informelles Lernen und Weiterbildung. Neue Wege zur Kompetenzentwicklung* (S. 107–126). München: Luchterhand.

Aßmann S. (2016). Informelles Lernen mit digitalen Medien in der Schule. In M. Rohs (Hrsg.), *Handbuch Informelles Lernen*. Wiesbaden: Springer VS.

Autorengruppe Bildungsberichterstattung (2010). *Bildung in Deutschland 2010. Ein indikatorengestützter Bericht mit einer Analyse zu Perspektiven des Bildungswesens im demografischen Wandel*. Bielefeld: W. Bertelsmann. Verfügbar unter https://www.bildungsbericht.de/de/bildungsberichte-seit-2006/bildungsbericht-2010/pdf-bildungsbericht-2010/bb-2010.pdf

Autorengruppe Bildungsberichterstattung (2018). *Bildung in Deutschland 2018. Ein indikatorengestützter Bericht mit einer Analyse zu Wirkungen und Erträgen von Bildung*. Bielefeld: W. Bertelsmann. Verfügbar unter https://www.bildungsbericht.de/de/bildungsberichte-seit-2006/bildungsbericht-2018/pdf-bildungsbericht-2018/bildungsbericht-2018.pdf

Autorengruppe Bildungsberichterstattung (2020). *Bildung in Deutschland 2020. Ein indikatorengestützter Bericht mit einer Analyse zu Bildung in einer digitalisierten Welt*. Bielefeld: Wbv Publikation. Verfügbar unter https://www.bildungsbericht.de/static_pdfs/bildungsbericht-2020.pdf

Baacke, D. (1973). *Kommunikation und Kompetenz. Grundlegung einer Didaktik der Kommunikation und ihrer Medien*. München: Juventa.

Baethge, M. & Baethge-Kinsky, V. (2004). Der ungleiche Kampf um das lebenslange Lernen. Eine Repräsentativ-Studie zum Lernbewusstsein und -verhalten der deutschen Bevölkerung. In M. Baethge & V. Baethge-Kinsky (Hrsg.), *Der ungleiche Kampf um das lebenslange Lernen* (S. 11–200). Münster: Waxmann.

Baltes, P. B. (1987). Theoretical propositions of life-span developmental psychology. On the dynamics between growth and decline. *Developmental Psychology, 23*(5), 611–626. https://doi.org/10.1037/0012-1649.23.5.611

Baltes, P. B. (2000). Autobiographical reflections. From developmental methodology and lifespan psychology to gerontology. In J. E. Birren & J. J. F. Schroots (Eds.), *A history of geropsychology in autobiography* (pp. 7–26). Washington (US): American Psychological Association.

Baltes, P. B. & Staudinger, U. M. (2000). Wisdom. A metaheuristic (pragmatic) to orchestrate mind and virtue toward excellence. *American Psychologist,* (1), 122–136.

Barz, H. & Tippelt, R. (Hrsg.). (2004). *Weiterbildung und soziale Milieus in Deutschland* (Bd. 1 u. Bd. 2). Bielefeld: W. Bertelsmann.

Barz, H. & Tippelt, R. (2010). Lebenswelt, Lebenslage, Lebensstil und Erwachsenenbildung. In A. von Hippel & R. Tippelt, R. (Hrsg.), *Handbuch Erwachsenenbildung/Weiterbildung* (4. Aufl., S. 117–136). Wiesbaden: Springer VS.

Beauvoir, Simone de (1968), *Das andere Geschlecht*. Hamburg: Rowohlt.

Beck. U. (1986). *Risikogesellschaft auf dem Weg in eine andere Moderne*. Frankfurt a. M.: Suhrkamp.

Becker, E. (2000). Informelles Lernen aus kulturrevolutionärer Perspektive. *Education permanente, 34*(3), 9–13.

Berger, P. L. & Luckmann, T. (1970). *Die gesellschaftliche Konstruktion der Wirklichkeit. Eine Theorie der Wissenssoziologie*. Frankfurt a. M.: Fischer.

Best, S. & Handel, M. (2015). Parallele Mediennutzung stagniert. *Media Perspektiven,* (12), 542–563.

Blossfeld, H.-P., Kilpi-Jakonen, E., Vono de Vilhena, D. & Buchholz, S. (Hrsg.). (2014). *Adult learning in modern societies. An international comparison from a life-course perspective*. Cheltenham (GB): Edward Elgar Publishing Ld.

Boudon, R. (1974). *Education, opportunity, and social inequality. Changing prospects in western society*. New Jersey (US): John Wiley & Sons.

Bourdieu, P. (1982). *Die feinen Unterschiede. Kritik der gesellschaftlichen Urteilskraft.* Frankfurt a. M.: Suhrkamp.

Bourdieu, P. (1997). The forms of capital. In A. H. Halsey, H. Lauder, P. Brown, A. S. Wells (Eds.), *Education. Culture, economy and society* (pp. 46–58). Oxford (GB): University Press.

Bourdieu, P. & Passeron, J.-C. (1971). *Die Illusion der Chancengleichheit. Untersuchungen zur Soziologie des Bildungswesens am Beispiel Frankreichs*. Stuttgart: Klett-Cotta.

Bourdieu, P. & Wacquant, L. (1996). *Reflexive Anthropologie.* Frankfurt a. M.: Suhrkamp.

Bowlby, J. (1979). *The making and breaking of affectional bonds*. London (GB): Tavistock Publications.

Braun, F., Reißig, B. & Skrobanek, J. (2010). Jugendarbeitslosigkeit und Benachteiligtenförderung. In R. Tippelt & B. Schmidt (Hrsg.), *Handbuch Bildungsforschung* (S. 953–966). Wiesbaden: Springer VS.

Bremer, H. (2008). Sozialisation durch institutionalisierte Weiterbildung. In K. Hurrelmann, M. Grundmann & S. Walper (Hrsg.), *Handbuch Sozialisationsforschung* (S. 306–320). Weinheim: Beltz.

Bremer, H. (2010). Symbolische Macht und politisches Feld. Der Beitrag der Theorie Pierre Bourdieus für die politische Bildung. In B. Lösch (Hrsg.), *Kritische politische Bildung. Ein Handbuch* (S. 181–192). Schwalbach: Wochenschau.

Bremer, H. (2018). Sozialisationstheorie und Erwachsenenbildung. In R. Tippelt & A. von Hippel (Hrsg.), *Handbuch Erwachsenenbildung/Weiterbildung* (6. überarb. Aufl., S. 127–144). Wiesbaden: Springer VS.

Bronfenbrenner, U. (1981). *Die Ökologie der menschlichen Entwicklung. Natürliche und geplante Experimente.* Stuttgart: Klett-Cotta.

Bronfenbrenner, U. (1994). Ecological models of human development. *The International Encyclopedia of Education, 3*(2), 1643–1647.

Brumlik, M. (1983). „Ich und das Andere“. Schule als Kulturraum absoluter und relativer Differenz. In J. Hagedorn (Hrsg.), *Jugend, Schule und Identität. Selbstwerdung und Identitätskonstruktion im Kontext Schule* (S. 205–221). Wiesbaden: Springer VS.

Buck, G. (1967). *Lernen und Erfahrung. Zum Begriff der didaktischen Induktion*. Stuttgart: Kohlhammer.

Büchner, P. (2006). Der Bildungsort Familie. In A. Brake & P. Büchner (Hrsg.), *Bildungsort Familie. Transmission von Bildung und Kultur im Alltag von Mehrgenerationenfamilien* (S. 21–47). Wiesbaden: Springer VS.

Bundesministerium für Bildung und Forschung. (2020). *Digitalisierung in der Weiterbildung. Ergebnisse einer Zusatzstudie zum Adult Education Survey 2018*. Bonn: BMBF. Verfügbar unter https://www.bmbf.de/upload_filestore/pub/Digitalisierung_in_der_Weiterbildung.pdf

Bundesministerium für Familie, Senioren, Frauen und Jugend. (2009). *Familienreport 2009. Leistungen, Wirkungen, Trends*. Berlin: BMFSFJ.

Bundesministerium für Familie, Senioren, Frauen und Jugend. (2014). *Freiwilliges Engagement in Deutschland. Der Deutsche Freiwilligensurvey 2014*. Berlin: BMFSFJ.

Bundesministerium für Familie, Senioren, Frauen und Jugend. (2017). *Familienreport 2017. Leistungen, Wirkungen, Trends*. Berlin: BMFSFJ.

Bundesministerium für wirtschaftliche Zusammenarbeit und Entwicklung. (2014). *Kinder- und Jugendrecht konkret. Informationen zu den Rechten junger Menschen und der entwicklungspolitischen Zusammenarbeit*. Paderborn: Bonifatius.

Butler, J. (1990). *Gender trouble. Feminism and the subversion of identity*. New York (US): Routledge.

Bynner, J. & Hammond, C. (2004). *The benefits of adult learning. Quantitative insights*. Cambridge (GB): University Press.

Bynner, J., Schuller, T. & Feinstein, L. (2003). Wider benefits of education. Skills, higher education and civic engagement. *Zeitschrift für Pädagogik*, *49*(3), 341–361.

Caumanns, J., Rohs, M. & Stübing, M. (2003). Fallbasiertes E-Learning durch dynamische Verknüpfung von Fallstudien und Fachinhalten. Neue Diskussionsansätze zu einem vernachlässigten Konzept. In M. Kerres & B. Voß (Hrsg.), *Digitaler Campus. Vom Medienprojekt zum nachhaltigen Medieneinsatz in der Hochschule* (S. 204–214). Münster: Waxmann.

CEDEFOP. (Hrsg.). (2003). *Lebenslanges Lernen. Die Einstellungen der Bürger*. Luxemburg (LU): Amt für Veröffentlichungen der Europäischen Gemeinschaften.

CEDEFOP. (Hrsg.). (2018). *Apprenticeship schemes in European countries. A cross-nation overview*. Luxembourg (LU): Publications Office of the European Union.

Coelen, T., Gusinde, F., Lieske, N. & Trautmann, M. (2016). Informelles Lernen in der Schule. In M. Rohs (Hrsg.), *Handbuch Informelles Lernen*. Wiesbaden: Springer VS.

Coleman, J. S. (1982). *The asymmetrical society*. New York (US): Syracuse University Press.

Corsten, M. (2010). *Berufliche Sozialisationstheorie und -forschung*. Weinheim: Beltz Juventa.

Damasio, A. (2002). *Ich fühle, also bin ich. Die Entschlüsselung des Bewusstseins*. Berlin: List.

Dausien, B. & Walgenbach, K. (2015). Sozialisation von Geschlecht – Skizzen zu einem wissenschaftlichen Diskurs und Plädoyer für die Revitalisierung einer gesellschaftsanalytischen Perspektive. In B. Dausien, C. Thon & K. Walgenbach (Hrsg.), *Geschlecht – Sozialisation – Transformationen* (S. 17–50). Opladen: Budrich.

Dehnbostel, P. (2005). Informelles Lernen in betrieblichen und arbeitsbezogenen Zusammenhängen. In K. Künzel (Hrsg.), *Internationales Jahrbuch der Erwachsenenbildung* (Bd. 31/32, Informelles Lernen – Selbstbildung und soziale Praxis, S. 143–164). Köln: Böhlau.

Dewey, J. (1916). *Democracy and education*. New York (US): Macmillan.

Dobischat, R. & Düsseldorf, K. (2009). Personalentwicklung und Arbeitnehmer. In R. Tippelt & A. von Hippel (Hrsg.), *Handbuch Erwachsenenbildung/Weiterbildung* (3., überarb. u. erw. Aufl., S. 917–938). Wiesbaden: Springer VS.

Dohmen, G. (2001). *Das informelle Lernen. Die internationale Erschließung einer bisher vernachlässigten Grundform menschlichen Lernens für das lebenslange Lernen aller*. Bonn: BMBF.

Döbert, R. & Nunner-Winkler, G. (1986). Wertwandel und Moral. In H. Bertram (Hrsg.), *Gesellschaftlicher Zwang und moralische Autonomie* (S. 289–319). Frankfurt a. M.: Suhrkamp.

Dreeben, R. (1968). *On what is learned in school*. Reading (US): Addison-Wesley.

Durkheim, E. (1972 [1922]). *Erziehung und Soziologie*. Düsseldorf: Pädagogischer Verlag Schwann.

Durkheim, E. (1973 [1897]). *Der Selbstmord*. Neuwied: Luchterhand.

Durkheim, E. (1984 [1902]). *Erziehung, Moral und Gesellschaft. Vorlesung aus dem Jahr 1902/1903*. Frankfurt a. M.: Suhrkamp.

Durkheim, E. (1992 [1893]). *Über soziale Arbeitsteilung. Studie über die Organisation höherer Gesellschaften*. Frankfurt a. M.: Suhrkamp.

Ecarius, J. (2001). Familie zwischen Tradierung und Wandel. Generationsbeziehungen und familiale Aufträge in drei Generationen. In J. Allmendinger (Hrsg.), *Gute Gesellschaft? Verhandlungen des 30. Kongresses der Deutschen Gesellschaft für Soziologie* (S. 558–572). Opladen: Leske + Budrich.

Edelmann, D., Schmidt, J. & Tippelt, R. (2011). *Einführung in die Bildungsforschung*. Stuttgart: Kohlhammer.

Edelstein, W. & Habermas, J. (1984). *Soziale Interaktion und soziales Verstehen. Beiträge zur Entwicklung der Interaktionskompetenz*. Berlin: Suhrkamp.

Eisenstadt, S. N. (1966). *Von Generation zu Generation. Altersgruppen und Sozialstruktur*. München: Juventa.

El-Mafaalani, A. (2012). *BildungsaufsteigerInnen aus benachteiligten Milieus*. Wiesbaden: Springer VS.

Engel, B. & Mai, L. (2015). Mediennutzung und Lebenswelt 2015. *Media Perspektiven*, (10), 427–441.

Eribon, D. (2016). *Rückkehr nach Reims*. Frankfurt a. M.: Suhrkamp.

Erikson, E. H. (1973). *Identität und Lebenszyklus*. Frankfurt a. M.: Suhrkamp.

Erikson, E. H. (1988). *Der vollständige Lebenszyklus*. Frankfurt a. M.: Suhrkamp.

Europäische Kommission. (2000). *Memorandum über Lebenslanges Lernen. Arbeitsdokument der Dokumentationsdienststellen*. Brüssel (BE): EU Kommission.

Feierabend, S., Rathgeb, T. & Reutter, T. (2018). *JIM-Studie 2018. Jugend, Information, Medien. Basisuntersuchung zum Medienumgang 12- bis 19-Jähriger*. Stuttgart: Medienpädagogischer Forschungsverbund Südwest.

Feinberg, I., Tighe, E., Greenberg, D. & Mavreles, M. (2018). Health Literacy and Adults with Low Basic Skills. *Adult Education Quarterly, 68*(4), 297–315.

Feinstein, L., Duckworth, K. & Sabates, R. (2008). *Education and the family. Passing success across the generations*. London (GB): Routledge.

Fend, H. (2007). *Neue Theorie der Schule. Einführung in das Verstehen von Bildungssystemen* (2. Aufl.). Wiesbaden: Springer VS.

Flaig, B. B., Meyer, T. & Ueltzhöffer, J. (1994). Alltagswelt, Lebensstile und soziale Milieus. In B. B. Flaig, T. Meyer & J. Ueltzhöffer (Hrsg.), *Alltagsästhetik und politische Kultur. Zur ästhetischen Dimension politischer Bildung und politischer Kommunikation* (S. 33–74). Bonn: Dietz.

Fthenakis, W. E., Kalicki, B. & Peitz, G. (2002). *Paare werden Eltern. Die Ergebnisse einer LBS-Familien-Studie*. Opladen: Leske + Budrich.

Freud, S. (1999 [1930]). Das Unbehagen in der Kultur. In A. Freud (Hrsg.), *Gesammelte Werke* (Anaconda Gesammelte Werke, Bd. 2), Frankfurt a. M.: Fischer.

Garrick, J. (1998). *Informal learning in the workplace. Unmasking human resource development*. London (GB): Routledge.

Gebrande, J. & Friebe, J. (2015). Grundkompetenzen, Bildungsverhalten und Lernen im höheren Lebensalter. Ergebnisse der Studie „Competencies in Later Life" (CiLL). *Zeitschrift für Pädagogik, 61*(2), 192–204.

Gessler, M., Fuchs, M. & Pilz, M. (Hrsg.) (2019). *Konzepte und Wirkungen des Transfers Dualer Berufsausbildung*. Wiesbaden: Springer VS.

Giddens, A. (1978). *Durkheim*. London (GB): Fontana.

Giesecke, H. (1983). *Leben nach der Arbeit. Ursprünge und Perspektiven der Freizeitpädagogik.* Weinheim: Beltz.

Gloger-Tippelt, G. (Hrsg.). (2001). *Bindung im Erwachsenenalter. Ein Handbuch für Forschung und Praxis.* Bern (CH): Huber.

Gloger-Tippelt, G., Vetter, J. & Rauh, H. (2000). Untersuchungen mit der „Fremden Situation" in deutschsprachigen Ländern. Ein Überblick. *Psychologie in Erziehung und Unterricht, 47*(1), 87–98.

Gloger-Tippelt, G. & Tippelt, R. (2017). Frühkindliche Bildung und Bindung aus Lebenslaufperspektive. *Pädagogische Rundschau, 3/4*(71), 261–274.

Habermas, J. (1973). *Legitimationsprobleme im Spätkapitalismus.* Frankfurt a. M.: Suhrkamp.

Habermas, J. (1981). *Theorie des kommunikativen Handelns. Handlungsrationalität und gesellschaftliche Rationalisierung.* Frankfurt a. M.: Suhrkamp.

Hafeneger, B. (2005). *Kinder- und Jugendpartizipation. Im Spannungsfeld von Interessen und Akteuren.* Opladen: Budrich.

Hafeneger, B. (2018). Politische Bildung. In R. Tippelt (Hrsg.), *Handbuch Bildungsforschung* (S. 690–705). Wiesbaden: Springer VS.

Havighurst, R. J. (1953). *Human Development and Education.* New York (US): David McKay.

Heublein, U. & Wolter, A. (2011). Studienabbruch in Deutschland. Definition, Häufigkeit, Ursachen, Maßnahmen. *Zeitschrift für Pädagogik, 57*(2), 214–236.

Hof, C. (2009). *Lebenslanges Lernen.* Stuttgart: Kohlhammer.

Hradil, S. (1987). *Sozialstrukturanalyse in einer fortgeschrittenen Gesellschaft. Von Klassen und Schichten zu Lagen und Milieus.* Opladen: Leske + Budrich.

Huffman, S. (2018). The digital divide revisited. What is next? *Education, 138*(3), 239–246.

Hurrelmann, K. (2012). *Sozialisation. Das Modell der produktiven Realitätsverarbeitung.* Weinheim: Beltz.

Hurrelmann, K., Grundmann, M. & Walper, S. (2015). *Handbuch Sozialisationsforschung* (7. Aufl.). Weinheim: Beltz.

Hurrelmann, K. & Quenzel, G. (2016). *Lebensphase Jugend. Eine Einführung in die sozialwissenschaftliche Jugendforschung.* Weinheim: Beltz Juventa.

Husserl, E. G. A. (1986). *Phänomenologie der Lebenswelt.* Stuttgart: Reclam.

Inglehart, R. (1977). *The silent revolution. Changing values and political styles among western publics.* Princeton (US): Princeton University Press.

Joas, H. (1992). *Pragmatismus und Gesellschaftstheorie.* Frankfurt a. M.: Suhrkamp.

Jones, S. M. & Dindia, K. (2004). A meta-analytic perspective on sex equity in the classroom. *Review of Educational Research, 74*(4), 443–471.

Jörissen, B., Liebau, E., Lohwasser, D., Klepacki, L., Werner, F., Wagner, E. & Hartmann, S. (2014). Forschung zur Kulturellen Bildung in Deutschland seit 1990 – Bestand und Perspektiven. Ein Projektbericht. In Bundesinstitut für Berufsbildung (Hrsg.), *Perspektiven der Forschung zur kulturellen Bildung* (S. 13–18). Bonn: BMBF.

Jurczyk, K., Lange, A. & Thiessen, B. (Hrsg.). (2014). *Deutsches Jugendinstitut. Doing family. Warum Familienleben nicht mehr selbstverständlich ist.* Weinheim: Beltz Juventa.

Kahnwald, N., Albrecht, S., Herbst, S. & Köhler, T. (2016). *Informelles Lernen Studierender mit Social Software unterstützen.* Münster: Waxmann.

Kaufmann, K. (2016). Beteiligung am informellen Lernen. In M. Rohs (Hrsg.), *Handbuch informelles Lernen* (S. 65–86). Wiesbaden: Springer VS.

Kaufmann-Kuchta, K. & Kuper, H. (2017). Informelles Lernen und soziale Teilhabe. In F. Bilger, F. Behringer, H. Kuper & J. Schrader (Hrsg.), *Weiterbildungsverhalten in Deutschland 2016* (S. 185–201). Bielefeld: W. Bertelsmann.

Kerschensteiner, G. (1912). *Begriff der Arbeitsschule.* Darmstadt: Wissenschaftliche Buchgesellschaft.

Keupp, H. (2013). Identitätsarbeit heute. Befreit von Identitätszwängen, aber ein lebenslanges Projekt. In M. Hammerer, E. Kanelutti, I. Melter, E. Kanelutti-Chilas (Hrsg.), *Das Gemeinsame in der Differenz finden* (Zukunftsfeld Bildungs- und Berufsberatung, Bd. II, S. 49–69). Bielefeld: W. Bertelsmann.

Kirchhöfer, D. (2003). Informelles Lernen – Legitimation für De-Institutionalisierung? In D. Hoffmann & K. Neumann (Hrsg.), *Ökonomisierung der Wissenschaft. Forschen, Lehren und Lernen nach den Regeln des „Marktes"* (S. 213–232). Weinheim: Beltz.

Klein, A. & Schmidt-Hertha, B. (2015). Informelle Auseinandersetzung mit digitalen Medien in der zweiten Hälfte des Erwerbslebens. In G. Niedermair (Hrsg.), *Informelles Lernen. Annäherungen – Problemlagen – Forschungsbefunde* (Schriftenreihe für Berufs- und Betriebspädagogik, Bd. 9, S. 179–194). Linz (AT): Trauner.

Kraft, S. (1999). Selbstgesteuertes Lernen. Problembereiche in Theorie und Praxis. *Zeitschrift für Pädagogik, 45*(6), 833–845.

Krappmann, L. (1969). *Soziale Dimensionen der Identität. Strukturelle Bedingungen für die Teilnahme an Interaktionsprozessen.* Stuttgart: Klett-Cotta.

Kruse, A. (2007). *Weiterbildung in der zweiten Lebenshälfte. Multidisziplinäre Antworten auf Herausforderungen des demografischen Wandels.* Bielefeld: W. Bertelsmann.

Krüger, H.-H. & Helsper W. (1995). *Einführung in Grundbegriffe und Grundfragen der Erziehungswissenschaft.* Opladen: Leske + Budrich.

Kutscher, N. (2009). Ungleiche Teilhabe. Überlegungen zur Normativität des Medienkompetenzbegriffs. *MedienPädagogik,* (17), 1–18.

Liebau, E. (1992). *Die Kultivierung des Alltags. Das pädagogische Interesse an Bildung, Kunst und Kultur* Weinheim: Beltz.

Liebau, E. (2007). Kultur- und Freizeitpädagogik. In H.-E. Tenorth & R. Tippelt (Hrsg.), *Lexikon Pädagogik* (S. 428–431). Weinheim: Beltz.

Lukes, S. (1985). *Emile Durkheim, his life and work. A historical and critical study.* Stanford (US): Stanford University Press.

Marsick, V. & Neaman, A. (2017). Adult informal learning. In N. Kahnwald & V. Täubig (Hrsg.), *Informelles Lernen. Standortbestimmungen* (S. 53–72). Wiesbaden: Springer VS.

McAllister, C. (2018). Developing inclusive later life learning environments. Insights from intersectional analysis of ageing and lesbian, gay, transgendered and bisexual identities. *European Journal for Research on the Education and Learning of Adults, 9*(1), 45–60.

Mead, G. H. (2002 [1932]). *Mind, self and society.* New York (US): Amherst Open Press.

Meuler, E. (2011). Didaktik der Erwachsenenbildung – Weiterbildung als offenes Projekt. In R. Tippelt & A. von Hippel (Hrsg.), *Handbuch Erwachsenenbildung/Weiterbildung* (5. Aufl., S. 973–987). Wiesbaden: Springer VS.

Moser, K. (2003). Diagnostik beruflicher Kompetenzen. In G. A. Straka (Hrsg.), *Zertifizierung non-formell und informell erworbener beruflicher Kompetenzen* (S. 41–56). Münster: Waxmann.

Moser, F., Hannover, B. & Becker, J. (2013). Subtile und direkte Mechanismen der sozialen Konstruktion von Geschlecht in Schulbüchern. Vorstellung eines Kategoriensystems zur Analyse der Geschlechter(un)gerechtigkeit von Texten und Bildern. *Gender in der psychologischen Forschung, 5*(3), 77–93.

Nahrstedt, W., Fromme, J., Stehr, I. & Brinkmann, D. (1994). *Bildung und Freizeit. Konzepte freizeitorientierter Weiterbildung.* Bielefeld: IFKA.

OECD. (2010). *PISA 2009 Ergebnisse. Zusammenfassung.* Paris: OECD. Verfügbar unter https://www.oecd.org/pisa/pisaproducts/46619755.pdf

OECD. (2013). *Education at a glance. OECD indicators.* Paris: OECD. Verfügbar unter http://www.oecd.org/education/eag2013 %20(eng)--FINAL %2020 %20June %202013.pdf

OECD. (2019). *PISA 2018. Ergebnisse der aktuellen PISA-Studie.* Paris: OECD. Verfügbar unter http://www.oecd.org/berlin/themen/pisa-studie/

Opaschowski, H. W. (1996). *Pädagogik der freien Lebenszeit.* Opladen: Leske + Budrich.

Opaschowski, H. W. (1999). *Generation @. Die Medienrevolution entläßt ihre Kinder. Leben im Informationszeitalter.* Ostfildern: Mairs.

Overwien, B. (2005). Informelles Lernen. Ein Begriff zwischen ökonomischen Interessen und selbstbestimmtem Lernen. In K. Künzel (Hrsg.), *Internationales Jahrbuch der Erwachsenenbildung* (Bd. 31/32: Informelles Lernen – Selbstbildung und soziale Praxis, S. 1–26). Köln: Böhlau.

Parsons, T. (1964). *Social structure and personality.* New York (US): Free Press of Glencoe.

Prange, K. (1991). *Pädagogik im Leviathan. Ein Versuch über die Lehrbarkeit der Erziehung.* Bad Heilbrunn: Klinkhardt.

Prensky, M. (2001). Digital natives, digital immigrants. *On The Horizon, 9*(5), 1–6. Verfügbar unter: https://marcprensky.com/writing/Prensky%20-%20Digital%20Natives,%20Digital%20Immigrants%20-%20Part1.pdf

Reck-Hog, U. (1994). Der sozialökologische Ansatz in der Erwachsenenbildung. In R. Tippelt & A. von Hippel (Hrsg.), *Handbuch Erwachsenenbildung/Weiterbildung* (1. Aufl., 145–156). Wiesbaden: Springer VS.

Reinmann, G. & Mandl, H. (2009). Wissensmanagement und Weiterbildung. In R. Tippelt & A. von Hippel (Hrsg.), *Handbuch Erwachsenenbildung/Weiterbildung* (3., überarb. u. erw. Aufl., S. 1049–1066). Wiesbaden: Springer VS.

Rohs, M. (2016). Genese informellen Lernens. In M. Rohs (Hrsg.), *Handbuch informelles Lernen* (S. 3–38). Wiesbaden: Springer VS.

Roßbach, H.-G. & Maurice, J. von (2018). Das Nationale Bildungspanel als wertvolle Ressource für die Bildungsforschung. In R. Tippelt & B. Schmidt-Hertha (Hrsg.), *Handbuch Bildungsforschung* (S. 739–756). Wiesbaden: Springer VS.

Russo, G. (2016). *Job design and skill developments in the workplace* (IZA discussion paper, No. 10207). Bonn: Forschungsinstitut zur Zukunft der Arbeit. Verfügbar unter http://doku.iab.de/externe/2016/k160919r07.pdf

Sander, E. & Hohenstein, A. (2006). *Kompetenzentwicklung durch Induzierung kognitiver Konflikte mittels Internet und Multimedia in der Weiterbildung.* Berlin: Arbeitsgemeinschaft betriebliche Weiterbildungsforschung e. V.

Schäffer, B. (2003). *Generationen–Medien–Bildung.* Medienpraxiskulturen im Generationenvergleich. Opladen: Leske + Budrich.

Schleiermacher, F. (2008 [1820]). *Pädagogik. Die Theorie der Erziehung.* Berlin: de Gruyter.

Schmidt, B. (2009). *Weiterbildung und informelles Lernen älterer Arbeitnehmer: Bildungsverhalten. Bildungsinteressen. Bildungsmotive.* Wiesbaden: Springer VS.

Schmidt, B. & Schnurr, S. (2009). Freizeitaktivitäten. In R. Tippelt, B. Schmidt, S. Schnurr, S. Sinner & C. Theisen (Hrsg.), *Bildung Älterer – Chancen des demografischen Wandels* (S. 125–134). Bielefeld: W. Bertelsmann.

Schmidt-Hertha, B. (2014). Technologiebasierte Problemlösekompetenz. In J. Friebe, B. Schmidt-Hertha & R. Tippelt (Hrsg.), *Kompetenzen im höheren Lebensalter. Ergebnisse der Studie „Competencies in Later Life" (CiLL)* (S. 99–114). Bielefeld: W. Bertelsmann.

Schmidt-Hertha, B. (2020). Vermittlung medienpädagogischer Kompetenz in der Fort- und Weiterbildung von Lehrkräften. *Zeitschrift für Pädagogik, 66*(2), 191–207.

Schmidt-Hertha, B., Kuwan, H., Gidion, G., Waschbüsch, Y. & Strobel, C. (Hrsg.). (2011). *Web 2.0. Neue Qualifikationsanforderungen in Unternehmen.* Bielefeld: W. Bertelsmann.

Schmidt-Hertha, B. & Mühlbauer, C. (2012). Lebensbedingungen, Lebensstile und Altersbilder älterer Erwachsener. In F. Berner, J. Rossow & K.-P. Schwitzer (Hrsg.), *Individuelle und kulturelle Altersbilder. Expertisen zum Sechsten Altenbericht der Bundesregierung* (Bd. 1, S. 109–149). Wiesbaden: Springer VS.

Schmidt-Hertha, B. & Tippelt, R. (2013). Inklusion in der Weiterbildung. H. Döbert & H. Weishaupt (Hrsg.), *Inklusive Bildung professionell gestalten – Situationsanalyse und Handlungsempfehlungen* (S. 241–262). Münster: Waxmann.

Schmidt-Hertha, B. & Rees, S.-L. (2017). Transition to retirement – learning to redesign one's lifestyle. *Research on Ageing and Social Policy, 5*(1), 32–56.

Schorb, B. (2006). *Identitätsbildung in der konvergenten Medienwelt. Neue Wege durch die konvergente Medienwelt. Studie im Auftrag der Bayrischen Landeszentrale für neue Medien (BLM).* München: Reinhard Fischer.

Schön, D. A. (1990). *Educating the reflective practitioner. Toward a new design for teaching and learning in the professions.* San Francisco (US): Routledge.

Schrader, J., Ioannidou, A. & Blossfeld, H.-P. (Hrsg.). (2020). *Monetäre und nicht monetäre Erträge von Weiterbildung.* Wiesbaden: Springer VS.

Schramm, H. & Hartmann, T. (2007). Identität durch Mediennutzung? Die Rolle von parasozialen Interaktionen und Beziehungen mit Medienfiguren. In D. Hoffmann & L. Mikos (Hrsg.), *Mediensozialisationstheorien* (S. 201–219). Wiesbaden: Springer VS.

Schreiner, C., Gniewosz, B., Wiesner, C., Steiger, A., Kulmhofer-Bommer, A. & Egger, M. (2019). Einstellung der Schüler/innen zum Fach und zum Lernen. Freude am Fach, fachbezogenes Selbstkonzept und ihr Zusammenhang mit den fachlichen Leistungen. In A. C. George, C. Schreiner, C. Wiesner, M. Pointinger & K. Pacher (Hrsg.), *Kompetenzmessungen im österreichischen Schulsystem. Analysen, Methoden & Perspektiven* (S. 139–159). Münster: Waxmann.

Schuengel, C. (2012). Teacher-child relationships as a developmental issue. *Attachment & Human Development, 14*(3), 329–336.

Schütz, A. (1974 [1932]). *Der sinnhafte Aufbau der sozialen Welt. Eine Einleitung in die verstehende Soziologie.* Frankfurt a. M.: Suhrkamp.

Schütz, A. & Luckmann, T. (1990). *Strukturen der Lebenswelt* (UTB, Bd. 2412, 2 Bde. [1979, 1984]). Konstanz: UVK.

Seeber, S. & Baethge, M. (2016). Erträge auf dem Arbeitsmarkt. Bildung lohnt sich – aber nicht immer in gleicher Weise. *DIPF informiert,* (24), 36–40.

Singh, M. (2005). The social recognition of informal learning in different settings and cultural contexts. In K. Künzel (Hrsg.), *Internationales Jahrbuch der Erwachsenenbildung* (Bd. 31/32: Informelles Lernen – Selbstbildung und soziale Praxis, S. 93–126). Köln: Böhlau.

Sinus (2010). *Die Sinus-Milieus: Update 2010.* Heidelberg: Sinus. Verfügbar unter https://www.sinus-institut.de/sinus-loesungen/sinus-milieus-deutschland/

Spitzer, M. (2003). Langsam, aber sicher. Gehirnforschung und das Lernen Erwachsener. *DIE Zeitschrift für Erwachsenenbildung, 10*(3), 38–40.

Stamm, M. (2010). (Hrsg.). *Frühkindliche Bildung, Betreuung und Erziehung.* Bern: Haupt.

Statistisches Bundesamt. (2019). *Bildung und Kultur. Allgemeinbildende Schulen. Schuljahr 2018/19.* (Fachserie 11, Reihe 1). Wiesbaden: Destatis.

Straka, G. A. (2000). Lernen unter informellen Bedingungen (informelles Lernen). Begriffsbestimmung, Diskussion in Deutschland, Evaluation und Desiderate. In Arbeitsgemeinschaft Qualifikations-Entwicklungs-Management. (Hrsg.), *Kompetenzentwicklung 2000. Lernen im Wandel – Wandel durch Lernen* (S. 15–70). Münster: Waxmann.

Sühl-Strohmenger, W. & Straub, M. (Hrsg.). (2016). *Handbuch Informationskompetenz* (2. Aufl.). Berlin: De Gruyter Saur.

Szydlik, M. & Künemund, H. (2009). Generationen aus Sicht der Soziologie. In H. Künemund & M. Szydlik (Hrsg.), *Generationen. Multidisziplinäre Perspektiven* (S. 7–22). Wiesbaden: Springer VS.

Teichler, U. (2009). Hochschulbildung. In R. Tippelt & B. Schmidt-Hertha (Hrsg.), *Handbuch Bildungsforschung* (3. Aufl., S. 420–444). Wiesbaden: Springer VS.

Teichler, U. & Tippelt, R. (Hrsg.). (2005). *Hochschullandschaft im Wandel* (Zeitschrift für Pädagogik, 50. Beiheft). Weinheim: Beltz. Verfügbar unter https://www.pedocs.de/volltexte/2013/7384/pdf/ZfPaed_Beiheft_50_komplett.pdf

Tenorth, H.-E. & Tippelt, R. (2007). *Lexikon Pädagogik*. Weinheim: Beltz.

Tenorth, H.-E. & Tippelt, R. (2012). *Lexikon Pädagogik* (2. Aufl.). Weinheim: Beltz.

Thalhammer, V. (2017). *Medienkompetenzerwerb intergenerationell. Vermittlungs- und Aneignungstätigkeiten in informellen Unterstützungsnetzwerken* (Gesellschaft – Altern – Medien, Bd. 10). München: Kopaed.

Thalhammer, V. & Schmidt-Hertha, B. (2015). Intergenerationelle innerfamiliäre Unterstützungsprozesse bei der Mediennutzung von älteren Erwachsenen. *Zeitschrift für Erziehungswissenschaft, 18*(4), 827–844.

Thalhammer, V. & Schmidt-Hertha, B. (i. D.). Familie, Familienbildung und Weiterbildung. In J. Ecarius & A. Schierbaum (Hrsg.), *Handbuch Familie*. Wiesbaden: Springer VS.

Theisen, C. & Sinner, S. (2009). Gesundheitsbildung. In R. Tippelt, B. Schmidt, S. Schnurr, S. Sinner & C. Theisen (Hrsg.), *Bildung Älterer – Chancen des demografischen Wandels* (S. 94–104). Bielefeld: W. Bertelsmann.

Timmermanns, S. (2017). „LSBT*-Jugendliche und junge Erwachsene. (K)ein Thema für die Jugendforschung?!" *Diskurs Kindheits- und Jugendforschung,* (2), 131–143.

Tippelt, R. (1990). *Bildung und sozialer Wandel.* Weinheim: Beltz.

Tippelt, R. (2007). Lebenslanges Lernen. In H.-E. Tenorth & R. Tippelt (Hrsg.), *Lexikon Pädagogik* (S. 444–447). Weinheim: Beltz.

Tippelt, R. (2013). Lebenswelten und Lebenslagen – der Nutzen empirischer Milieuforschung für die Bildungsberatung. In M. Hammerer, E. Kanelutti-Chilas & I. Melter (Hrsg.), *Das Gemeinsame in der Differenz finden* (Zukunftsfeld Bildungs- und Berufsberatung, Bd. II, S. 71–82). Bielefeld: W. Bertelsmann. Verfügbar unter https://www.ssoar.info/ssoar/bitstream/handle/document/34780/ssoar-2013-tippelt-Lebenswelten_und_Lebenslagen.pdf?sequence=3&isAllowed=y&lnkname=ssoar-2013-tippelt-Lebenswelten_und_Lebenslagen.pdf

Tippelt, R. (2015). Lifeworld (Lebenswelt) orientation and the construction of social milieus. *Elm – European Lifelong Learning Magazine,* (1), o. S.

Tippelt, R., Alkoyak-Yildiz, M. & Buschle, C. (2013). Frühkindliche Bildung in Entwicklungsländern. In M. Stamm & D. Edelmann (Hrsg.), *Handbuch für frühkindliche Bildungsforschung* (S. 239–258). Wiesbaden: Springer VS.

Tippelt, R., Krauss, J. & Baron, S. M. (1986). *Jugend und Umwelt. Soziale Orientierungen und soziale Basisprozesse im regionalen Vergleich*. Weinheim: Beltz.

Tippelt, R., Reich, J., Hippel, A. von, Barz, H. & Baum, D. (2008). *Weiterbildung und soziale Milieus in Deutschland* (Bd. 3: Milieumarketing implementieren). Bielefeld: W. Bertelsmann.

Tippelt R., Schmidt, B., Schnurr, S., Sinner, S. & Theisen, C. (2009a). *Bildung Älterer – Chancen des demografischen Wandels*. Bielefeld: W. Bertelsmann.

Tippelt, R., Strobel, C. & Reupold, A. (2009b). *Lernende Regionen. Netzwerke gestalten.* Bielefeld: W. Bertelsmann.

Tippelt, R. & Hippel, A. von (Hrsg.). (2018). *Handbuch Erwachsenenbildung/Weiterbildung* (6. überarb. Aufl.). Wiesbaden: Springer VS.

Trautmann, M. (2004). Entwicklungsaufgaben bei Havighurst. In M. Trautmann (Hrsg.), *Entwicklungsaufgaben im Bildungsgang* (S. 19–40). Wiesbaden: Springer VS.

Trinder, K., Guiller, J., Margaryan, A., Littlejohn, A. & Nicol, D. (2008). Learning from digital natives. Bridging formal and informal learning. *Higher Education,* (1), 1–57. Available at http://www.academy.gcal.ac.uk/ldn/LDNFinalReport.pdf

UNESCO. (2004). *Early childhood care and education in South-East Asia. Working for access, quality and inclusion in Thailand, the Philippines and Viet Nam*. Bangkok (TH): UNESCO.

UNESCO. (2006). *EFA Global Monitoring Report 2007. Education for all. Strong foundations. Early childhood care and education.* Paris (FR): UNESCO.

UNESCO. (2010). *EFA Global Monitoring Report. Education for all. Reaching the marginalized.* Paris (FR): UNESCO.

UNICEF. (2012). *The state of the world's children. Children in an urban world. Executive summary.* New York (US): UNICEF.

Verschueren, K., Doumen, S. & Buyse, E. (2012). Relationships with mother, teacher, and peers. Unique and joint effects on young children's self-concept. *Attachment & Human Development*, *14*(3), 233–248.

Vollbrecht, R. (2014). Mediensozialisation. In A. Tillmann, S. Fleischer & K.-U. Hugger (Hrsg.), *Handbuch Kinder und Medien* (Digitale Kultur und Kommunikation, Bd. 1, S. 115–124). Wiesbaden: Springer VS.

Waldenfels, B. (1985). *In den Netzen der Lebenswelt*. Frankfurt a. M.: Suhrkamp.

Walther, A. & Stauber, B. (2018). Bildung und Übergänge. In R. Tippelt & B. Schmidt-Hertha (Hrsg.), *Handbuch Bildungsforschung* (Springer Reference Sozialwissenschaften, Bd. 2, 4. überarb. u. akt. Aufl., S. 905–922). Wiesbaden: Springer VS.

Watzlawik, M. (2004). *Uferlos. Jugendliche erleben sexuelle Orientierungen.* Norderstedt: BoD.

Werquin, P. (2016). International perspectives on the definition of informal learning. In M. Rohs (Hrsg.), *Handbuch informelles Lernen* (S. 39–64). Wiesbaden: Springer VS.

West, C. & Zimmerman, D. H. (1987). Doing gender. *Gender and Society*, *1*(2), 125–151.

Wittpoth, J. (1995). Sozialstruktur und Erwachsenenbildung in der Perspektive Pierre Bourdieus. In K. Derichs-Kunstmann, P. Faulstich & R. Tippelt (Hrsg.), *Theorien und forschungsleitende Konzepte der Erwachsenenbildung* (Beiheft zum REPORT, S. 73–78) Frankfurt a. M.: Pädagogische Arbeitsstelle des DVV.

Zinnecker, J. (1975). *Der Heimliche Lehrplan. Untersuchungen zum Schulunterricht*. Weinheim: Beltz.

Zürcher, R. (2007). *Informelles Lernen und der Erwerb von Kompetenzen. Theoretische, didaktische und politische Aspekte.* (Materialien zur Erwachsenenbildung, Nr. 2, hrsg. v. Bundesministerium für Unterricht, Kunst und Kultur). Wien (AT): BMUK. Verfügbar unter https://erwachsenenbildung.at/downloads/service/nr2_2007_informelles_lernen.pdf

Abbildungen

Lösungsvorschläge für ausgewählte Aufgaben

Kapitel 4

Aufgabe 2

Durch die Bedeutung von Lernkompetenz für das Gelingen informellen Lernens sowie für dessen Effektivität und Effizienz sind Personen, die über eine breite und langjährige Lernerfahrungen verfügen, wiederum im Vorteil. Das heißt, dass nicht nur, aber gerade auch in formalen Bildungskontexten die Lernstrategien angeeignet werden, die auch für informelles Lernen bedeutsam sind und dadurch Personen mit höheren Formalqualifikationen im Durchschnitt auch informell mehr lernen. Die von unterschiedlichen Arbeits- und Lebensbedingungen abhängigen Gelegenheiten zu informellem Lernen verstärken diesen Effekt.

Kapitel 5

Aufgabe 4

In jedem Bereich alltäglichen Lebens und insbesondere in der Interaktion mit Mitmenschen ergeben sich Lerngelegenheiten und -impulse. Lernen findet dann meist implizit, das heißt unbewusst statt, kann aber auch bewusst gestaltet werden, beispielsweise wenn jemand gebeten wird, etwas zu erklären. Beide Varianten informellen Lernens gehören in der Familie – auch für Erwachsene – zum Alltag. Darüber hinaus fordern familiäre Aufgaben Erwachsene immer wieder neu heraus und machen Lernprozesse erforderlich, zum Beispiel durch Erziehungsfragen oder veränderte Familienstrukturen (z. B. Elternschaft, Auszug der Kinder, Großelternschaft). Rückblickend beschreiben viele Erwachsene diese Herausforderungen als wesentliche Lernanlässe.

Kapitel 6

Aufgabe 3

Die Klasse als Gruppe von Gleichaltrigen, die den größten Teil des Tages miteinander verbringen, ist Quelle von langjährigen Freundschaften und Beziehungen, die vor allem im Jugendalter eine hohe Relevanz für die Persönlichkeitsentwicklung haben. Dabei sind Peergroups häufig konform zu den familialen Sozialisationsmilieus ihrer Mitglieder, unterstützen aber gleichzeitig die allmähliche Ablösung vom Elternhaus.

Kapitel 7

Aufgabe 1

Die Struktur der beruflichen Ausbildung entscheidet mit darüber, wie berufliche Sozialisation vor allem im Rahmen von Erfahrungslernen im betrieblichen Alltag stattfindet. Ebenso kann sich die berufliche Sozialisation als strukturierter Prozess des beruflichen Lernens in didaktisch inszenierten (schulischen) Kontexten vollziehen. Bei letzterer Konstellation kann man auch von einer teilweisen zeitlichen Verschiebung beruflicher bzw. betrieblicher Sozialisation auf die Phase nach der Ausbildung ausgehen.

Aufgabe 3

Erst durch ihre Validierung und Zertifizierung wird es möglich, informell erworbene Kompetenzen innerhalb des Bildungssystems und auf dem Arbeitsmarkt verwertbar zu machen, beispielsweise im Kontext von Hochschulzugang oder Bewerbungsverfahren.

Kapitel 8

Aufgabe1

Die meisten Unterschiede zwischen den Geschlechtern, die sich auch in Studien nachweisen lassen, sind – genauso wie geschlechtsspezifische Rollen und gesellschaftliche Positionen – kulturspezifisch, das heißt in anderen Kulturkreisen anders ausgestaltet und damit kontingent. Insbesondere die Sozialisationsforschung zeigt, wie wir von frühester Kindheit an zu Frauen und Männern erzogen und damit – nach Beauvoir – gemacht werden und wie diese geschlechtsspezifische Sozialisation an gesellschaftliche Strukturen gebunden ist und diese reproduziert.

Kapitel 9

Aufgabe 3

Digitale Medien prägen heute mehr und mehr alle Bereiche unseres privaten und beruflichen Alltags, davon sind auch informelle Lernprozesse nicht ausgenommen. Durch die scheinbar unbegrenzte und nahezu immer und überall zugängliche Informationsvielfalt wird Lernen unabhängiger von Zeiten und physischen Räumen. Gleichzeitig stellt Lernen mit internetbasierten Technologien erweiterte Anforderungen an die Selbstorganisation, die Medienkompetenz und die Urteilsfähigkeit von Lernenden.

Kapitel 10

Aufgabe 1

Freiwilliges Engagement bietet ein zusätzliches Erfahrungsfeld, das sich in der Regel hinsichtlich seiner Anforderungen von anderen Lebensbereichen (z. B. Erwerbsarbeit, Familie) noch einmal deutlich unterscheidet. Andere Anforderungen erfordern Lernprozesse, die zum Teil in Form von Weiterbildungen, überwiegend aber informell bewältigt werden. Umgekehrt engagieren sich gerade Personen mit höherer Formalbildung häufiger ehrenamtlich, wobei die Ursachen dieses Zusammenhangs empirisch noch nicht vollständig geklärt sind.

Kapitel 11

Aufgabe 2

Informelles Lernen kann aus mindestens drei Gesichtspunkten eine gesundheitspräventive Wirkung entfalten. Erstens trägt Lernen insgesamt zum Erhalt bzw. zum Ausbau kognitiver Fähigkeiten bei und fördert gesundheitsrelevante Dispositionen, beispielsweise das Selbstkonzept und eine allgemeine Selbstwirksamkeitserwartung. Zweitens schafft informelles Lernen Räume zur Auseinandersetzung auch mit gesundheitsbezogenen Themen, kann also ein Weg zum Aufbau von gesundheitsbezogenem Wissen und Kompetenzen sein. Drittens schließlich trägt Lernen zur Stärkung von Selbstreflexionsfähigkeit bei und bewirkt – so legen es zumindest Untersuchungen zu non-formalem Lernen nahe – dass die Lernenden auch mehr über den eigenen Lebensstil und die eigene Lebensweise nachdenken.

Autoren

Rudolf Tippelt
Prof. Dr. i. R., Fakultät für Psychologie und Pädagogik der LMU München; Vorsitzender der DGfE 2006 bis 2010; Forschungsschwerpunkte: Allgemeine Pädagogik, Bildungsforschung, Erwachsenenbildung/Weiterbildung, Fortbildung des pädagogischen Personals in internationaler Perspektive.

Kontakt:
Leopoldstr. 13
80802 München
tippelt@edu.lmu.de

Bernhard Schmidt-Hertha
Prof. Dr., Lehrstuhl Allgemeine Pädagogik und Bildungsforschung an der LMU München; Forschungsschwerpunkte: Bildung und Lernen in der zweiten Lebenshälfte, Informelles Lernen, Qualität der Lehre, Medien in der Erwachsenenbildung.

Kontakt:
Leopoldstr. 13
80802 München
b.schmidt@edu.lmu.de